SLAM COALKAN

A FESTA LITERÁRIA DAS PERIFERIAS

malê

APOIO:

Instituto Cervantes Rio de Janeiro

GOETHE INSTITUT

Toronto International Festival of Authors

Conseil des arts du Canada

Canada Council for the Arts

Editora Malê
DIREÇÃO: Francisco Jorge e Vagner Amaro

Slam Coakan 2022
ISBN 978-85-92736-71-2

ORGANIZAÇÃO E IDEALIZAÇÃO: Julio Ludemir e Roland Gulliver
CURADORIA SUL: Renata Tupinambá
CURADORIA NORTE: Jennifer Alicia Murrin
EDIÇÃO: Francisco Jorge
REVISÃO: Louise Branquinho
PROJETO GRÁFICO, DIAGRAMAÇÃO E CAPA: Marcio Oliveira
ILUSTRAÇÃO DE CAPA: Gustavo Caboco
TRADUÇÃO: 4Estações – Andrea Moretto, Bruno Murtinho, Damiana Uechi, Daniel Wiezel, Eduardo Rieche, Flavio Miranda, Hidson Monteiro, Isa Carvalho, Rafael Barbosa, Renata Penedo, Wenna Magna
REVISÃO DA TRADUÇÃO: Elton Uliana, Fernanda Vieira e Julio Ludemir
DIREÇÃO DE PRODUÇÃO: Andrea Borges e Juliana Stuart
ASSISTENTE DE PRODUÇÃO: Ana Acyoli, Clara Taranto e Reggi Brizio
DIREÇÃO EXECUTIVA: Renata Leite
ASSISTENTE ADMINISTRATIVO FINANCEIRO: Patrícia Basílio e Erica Félix
APRESENTAÇÃO E PORTA-VOZ: Dani Salles
PROJETO CULTURAL (PROPONENTES): Ilana Strozenberg e Teresa Guilhon Barros – O Instituto, Suave e Na Nave
Texto revisado segundo o novo Acordo Ortográfico da Língua Portuguesa.

Dados Internacionais de Catalogação na Publicação (CIP) (Câmara Brasileira do Livro, SP, Brasil)

Slam Coalkan / organização Julio Ludemir. -- 1. ed. -- Rio de Janeiro : Malê Edições : Flup, 2022.

Vários autores.
ISBN 978-85-92736-71-2

1. Cultura indígena 2. Literatura indígena 3. Poesia - Coletâneas - Literatura brasileira I. Ludemir, Julio.

22-135813 CDD-B869.108

Índices para catálogo sistemático:
1. Poesia : Coletâneas : Literatura brasileira B869.108

Aline Graziele Benitez - Bibliotecária - CRB-1/3129

EDITORA MALÊ
Rua Acre, 83/ 202 - Centro. Rio de Janeiro – RJ CEP: 200.81-000
www.editoramale.com.br / contato@editoramale.com.br

SUMÁRIO

ÁGUIA

SLAM COALKAN

Um festival desde sempre associado à formação de leitores e autores nas periferias, a Flup chega a sua décima segunda edição com um histórico de 28 livros publicados, alguns levando os escritores e poetas que revelamos para países como o Reino Unido, a França e agora o Canadá. Temos o orgulho de mapear e revelar a primeira geração de talentos literários em nossas periferias, particularmente nas favelas cariocas.

Nossas publicações contemplaram desde a tórrida história de amor de uma ex-chefe do tráfico de drogas da maior favela da América Latina até um digital influencer que trabalha com narrativas queers, particularmente preocupado em salvar do suicídio jovens LGBTQIA+ que se deprimiram no embate com as conservadoras famílias evangélicas de nossas periferias. Agora estamos publicando a poesia produzida pela primeira geração de indígenas que tirou proveito das ações afirmativas implementadas no Brasil no início do século.

Essa diversidade de autores e gêneros literários revela o quão abrangente é o conceito de periferia, que por isso mesmo sempre usamos no plural. Reduzir as periferias a um espaço geográfico seria desconhecer o tipo de corpo que habita e transita nesse novo território, que nestes tempos pós-emprego vai muito além do proletariado idealizado pelas esquerdas tradicionais. Um exemplo emblemático seria o fenômeno Fatima Daas, cujo romance de estreia narra os conflitos de uma jovem muçulmana lésbica. Para quem não sabe, Fatima Daas nasceu na periferia de Paris, no seio de uma família argelina. Foi publicada no Brasil em 2022.

As periferias brasileiras não são tão complexas quanto as de cidades europeias e mesmo do Canadá, que têm sido fortemente impactadas pelas novas ondas migratórias, particularmente aquelas provenientes da África Subsaariana. Mas em meio ao povo preto e aos migrantes nordestinos também podemos identificar a presença dos chamados povos originários em nossas favelas, a maioria deles num violento processo de apagamento cultural. Um caso emblemático é o da rapper Kaê Guajajara, cuja família migrou para o Complexo da Maré, uma rede de 17 favelas no entorno da Avenida Brasil. Suas letras são contundentes denúncias da violência cometida contra seu povo, particularmente contra as mulheres indígenas.

É muito recente o reencontro dos indígenas urbanos com a sua própria história, com a particularíssima cultura que herdaram de seus ancestrais. Ainda mais recente é o amadurecimento intelectual dessa geração, graças ao qual podem nos apresentar os contundentes poemas desta coletânea. Têm seguido à risca o conselho do cacique Babau Tupinambá de Olivença, para quem a sobrevivência dos povos originários passa pelo domínio da mais poderosa das armas — a caneta. "É com a caneta que os brancos escrevem as leis, delimitam nossas terras e nos impõem sua cultura", disse o cacique em um dos debates que organizamos em 2020.

Eu iria um pouco mais além que o cacique Babau e afirmaria que essa tinta indígena é também a única chance que temos para garantir a continuidade da aventura humana na Terra. Aliar-se à luta pela sobrevivência dos povos das florestas, ainda que pareça um exercício de altruísmo de nossa parte, é o mais egoísta dos gestos que podemos fazer. Ouvir essas vozes é quase uma prece pela salvação do planeta.

Julio Ludemir

DIRETOR DA FLUP

Coalkan é o primeiro slam indígena do mundo a unir povos do Norte e Sul em um campeonato. Ele traz poetas, rappers e artistas indígenas de todo o continente, tomando a palavra como encantaria para fazer denúncias, expressar sentimentos, contar histórias, falar da luta, resistência, traumas coloniais, trazer cura e defender a vida na terra. No palco, artistas originários que vivem na encruzilhada da favela, periferia e aldeia protagonizam uma retomada dos espaços. Pedem proteção às florestas, justiça pelo genocídio da população indígena urbana e das comunidades. Coalkan: uma profecia sobre o pacto entre nações pela proteção da vida. Os povos originários do mundo possuem saberes antigos e um pacto eterno em defesa da Mãe Terra. No continente invadido e batizado pelo colonizador como América, mas conhecido no Sul como Abya Yala, na língua Kuna, que significa "terra madura", " terra viva", existem culturas e tradições antigas que carregam profecias sobre a união das diferentes nações indígenas. Uma das profecias é a da Águia e do Condor, presente nas narrativas Maia, Inca, da América central, Hopi do Norte, Q'eros do Sul e outras. Quando a águia do norte e o condor do sul voarem juntos é o despertar da Terra. Sacerdotes Maia chamam de profecia de Coalkan e, apesar de existirem relatos e muita mistificação sobre o tema, faz parte da história oral e segredos dessas populações originárias. Coalkan prenuncia uma mensagem sobre consciência coletiva de respeito à natureza diante da destruição de terras sagradas, desmatamento, poluição dos oceanos, lagos e rios. Vem acompanhada do libertar das vozes indígenas silenciadas na colonização de seus territórios, que, ao darem as mãos, mantêm "o céu suspenso", como diria o ancião Davi Kopenawa no Brasil, sobre as populações tradicionais serem guardiãs e que com canto e dança impedem a queda do céu.

Renata Tupinambá

CO-CURADORA DO SLAM COALKAN

Nos últimos dois anos, a pandemia teve um impacto imensurável em nossas vidas e passará ainda muito tempo até que nós — como indivíduos e sociedades — possamos entender completamente aquilo que vivemos. Para artistas e organizações artísticas, os últimos dois anos apresentaram uma série de desafios, como isolamento social e restrições, impactando na renda e nas oportunidades de expressão criativa; junto com isso, a necessidade de mudanças sistemáticas em todas as sociedades tornou-se mais urgente e necessária.

O papel e a responsabilidade das organizações artísticas estão mudando, com a necessidade de se tornarem mais proativas em vez de reativas para fazer a mudança acontecer. Precisamos ouvir mais e transformar ideias em ação. Esses tempos destacaram os papéis fundamentais de um festival literário: reunir o maior número possível de vozes, perspectivas e contadores de histórias para criar uma comunidade de públicos e leitores e oferecer insights e possibilidades de mudança.

2020 nos jogou em um mundo digital de reuniões, eventos e festivais on-line. Aprendemos muito, rapidamente. Embora tenhamos perdido a energia do evento ao vivo que todos amamos, entrar no mundo on-line ofereceu novas oportunidades. Em particular, ofereceu a possibilidade de transcender fronteiras e conectar-se com artistas internacionais e outros festivais. Proporcionou ao Festival Internacional de Autores de Toronto uma oportunidade maravilhosa de se conectar com a Festa Literária das Periferias (Flup) no Rio de Janeiro, liderada por seu irreprimível diretor, Julio Ludemir. A abordagem da Flup para literatura, programação e publicação oferece uma estratégia completamente diferente para lidar com questões que nós, no mundo ocidental do livro de língua inglesa, lutamos muito para articular e ainda mais para responder.

Depois de transmitir on-line e ao vivo a batalha de poesia da Flup do Rio durante o último fim de semana do TIFA 2020, continuamos nossa parceria em 2021 para criar o Slam Coalkan, uma batalha de poesia ao vivo que reuniu poetas, artistas e ativistas indígenas de todas as Américas. Claro que teríamos que enfrentar novos desafios técnicos e de tradução, mas isso significava que poderíamos contar com artistas de todo o continente, permitindo que eles se conectassem uns com os outros e com o público de todos os lugares. É importante ressaltar que oferecia também uma oportunidade para os artistas moldarem e criarem o seu próprio espaço.

Das duas performances fascinantes e inspiradoras em Toronto e no Rio, passando pelos debates em um seminário com os poetas em dezembro de 2021 até esta publicação da obra deles, que você está lendo agora, o projeto ofereceu a possibilidade de conectar e reconectar. A possibilidade de desenvolver vínculos e relacionamentos significativos que marcam o início de algo novo.

Trabalhar neste projeto tem sido uma grande jornada. Tem sido uma experiência de aprendizado incrivelmente importante, para mim e para o TIFA como organização, já que aprendemos a criar o espaço certo para artistas e histórias indígenas com integridade e respeito. Também aprendemos a melhor apresentar, representar, aprender e celebrar os artistas indígenas e suas histórias.

Agradeço imensamente a confiança de todos os artistas envolvidos, dos 18 poetas reunidos nesta antologia e, em especial, agradeço às co-curadoras Jennifer Alicia Murrin e Renata Tupinambá, cujas orientação e paciência ao longo do projeto foram inestimáveis. Obrigado à Kegedonce Press por aderir ao projeto como editora e permitir que esses poemas continuem viajando. Um enorme obrigado ao Julio Ludemir e a toda a equipe da Flup pela fonte inesgotável de energia e de capacidade de resolução de problemas. Muito obrigado a toda a equipe TIFA por seu trabalho e dedicação contínuos, especialmente minhas colegas Sophie Mitjavile, que calmamente liderou o projeto de Toronto com determinação, profissionalismo e sensibilidade, e Luisa Kurtz, que contribuiu com incontáveis horas como tradutora não oficial e facilitadora.

E, claro, o Slam Coalkan só é possível graças ao financiamento do Canada Council for the Arts.

Roland Gulliver

DIRETOR

FESTIVAL INTERNACIONAL DE AUTORES DE TORONTO

Somos feitos de sementes, poeira estelar e histórias. A transmissão de histórias é essencial para nossa sobrevivência, pois estas são nossas linhagens e nossos legados. Elas moldam quem somos, nos lembram onde estivemos e transmitem nossos sonhos para as gerações futuras. Usar nossa voz para expressar nossas próprias verdades é uma ferramenta poderosa de empoderamento e resgate. Uma forma de retomar as narrativas que foram contadas sobre nós. Uma das maneiras de fazer isso é pela narrativa oral — através da palavra falada.

Como artistas da palavra falada, usamos o palco como nossa plataforma e nossas palavras como nossa arma. Se for esse o caso, esta antologia pode ser chamada de uma rebeldia. É a transposição da nossa energia poética da performance nestas páginas e esperamos que seja sentida em cada palavra que você lê. É uma viagem poética onde a águia encontra o condor. Uma antiga profecia em ação através da união de 18 poetas indígenas do norte e do sul trazendo o palco para a página. Estas páginas contêm nossas realidades vividas, experiências, esperanças, sonhos e orações.

Essa união foi possível por meio da parceria entre o Festival Internacional de Autores de Toronto (TIFA) e a Flup, Festa Literária das Periferias do Rio de Janeiro. TIFA e Flup organizaram uma batalha de poesia falada virtual com duas rodadas envolvendo esses mesmos poetas: uma rodada com poetas indígenas do norte e a segunda com poetas indígenas do sul. Ambas as rodadas do concurso de poesia foram monumentais em seus próprios aspectos. Os poemas falados na competição agora vivem aqui nestas páginas, além de mais dois poemas de cada poeta.

Fui convidada pelo TIFA para fazer a co-curadoria desse encontro junto com a colega co-curadora Renata Tupinambá do Brasil, representando a Flup. Imediatamente, soube que era algo de que eu queria fazer parte e que seria especial. O impacto não foi totalmente sentido até o dia da competição de poesia, quando me dei conta das pessoas incríveis que tinha reunido no palco do Harbourfront Center. Foi lendário! Um grande obrigado a Tyler

Pennock, Theresa Cutknife, Lena Recollet, Janet Rogers e Deejay Jams por auxiliarem na rodada com os poetas indígenas do norte!

A segunda parte deste projeto consistiu em um seminário com os poetas. Passamos um sábado juntos em nossas telas rindo, compartilhando ideias, trocando conhecimentos e sonhando com futuras colaborações. Um espaço nosso e para nós. Minha esperança é que este seja o início de uma linda parceria, que continuará a crescer.

Esta antologia é a nossa contribuição. É a transposição da performance poética para as páginas de um livro. Estas são as palavras que vivem dentro de nossos corpos. Cada poema é um vislumbre de nossas experiências vividas. Durante a leitura, considerem como nossas palavras podem levá-los à ação.

Jennifer Alicia Murrin

CO-CURADORA DO SLAM COALKAN

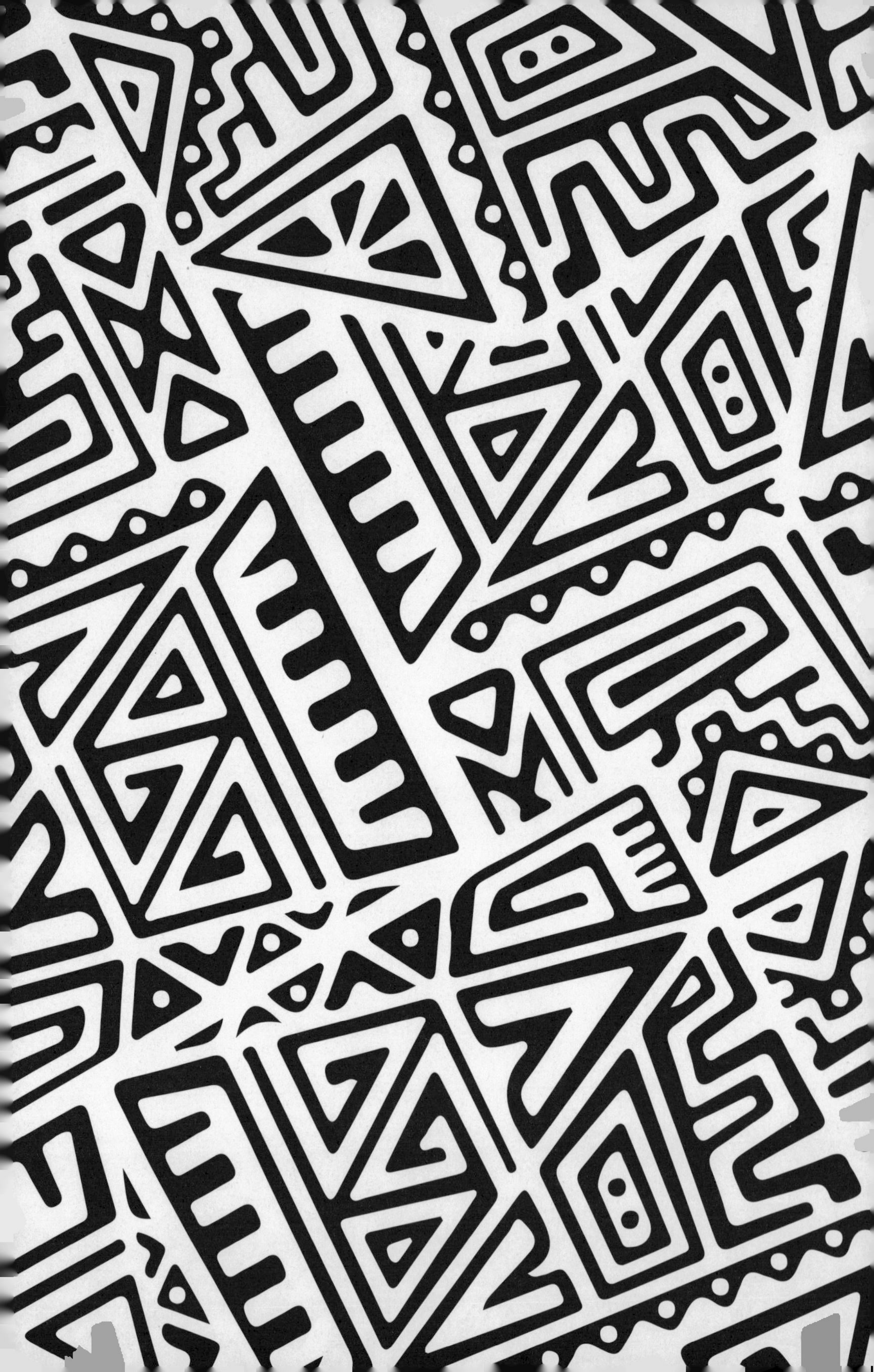

CONDOR

ABIGAIL LLANQUE

Nascida na cidade de La Paz-El Alto (Bolívia), chegou como imigrante em São Paulo no ano de 2008. Começou trabalhando na costura até criar seu próprio negócio. Autônoma, ativista urbana, rapper e mãe.

SEMPRE DE PÉ

Venho de onde a terra toca o céu,
tenho sangue ancestral Aymara em meu corpo,
distante dos climas tropicais.
Nossa maior "construção" tem mais de mil andares,
elegante com seu poncho branco de Los Andes.
"Illimani", tão perto, mas tão longe,
elegante com seu poncho de Los Andes.
"Illimani", carregamos você em nosso sangue.
Mais de 3.500 metros de altura,
resiste a minha cultura, pura loucura.
A zona vermelha pode ser seu túmulo,
andando por suas extremidades.
A noite cai, os graus também.
O jogo começa, fica bom.
Cuidado, porque é traiçoeiro.

Sempre de pé, nunca de joelhos.
Sempre de pé, nunca de joelhos.

Vou avançando no mundo sem freios.
Hoje os que eu deixo carrego no peito.
Sou um viajante, não um estrangeiro,
dou tudo de mim pelo meu sonho.
Do teminal, partir, esperar, deixar para trás.
Chuquiago Marka, nada mais será igual,
vou sentir sua falta.
Meu lar, lugar de onde eu vim,
hábitat natural,
que não se abandona nunca.
Meu povo é forte e humilde,
não desiste, sempre firme.

Somos milhares vivendo em outros países,
somos milhares que não esquecemos nossas raízes.

Sempre de pé, eu e minha fé.
Não foi em vão que cheguei até aqui,
sempre levei lápis, papel e uma boa
recordação dos lugares por onde passei.

SOMOS

Somos da raça que vive sendo arrasada pelo resto de sua vida,
improvisando nossa resistência.
Essa é a magia das velas,
a magia andina,
divina e ardente
como o fogo que circula em minhas veias.
"Warmis" clandestinas das ruas,
e não runas 100% falsas.
Ouvir minha cultura não parece uma aventura.
Muitas pessoas nos discriminam apenas por nossa aparência,
dizem que somos de outro mundo,
com muita arrogância,
palavras de ignorância.
Não sabem o que falam porque não vivem isso.
Todos nós dizemos a esses idiotas
que não entendem,
não compreendem minha cultura urbana.
Nos chamam de zé-ninguém,
de filhos de zé-ninguém.
Os donos das gravatas,
os políticos de bosta,
que não fazem nada,
são só ratos que roubam dinheiro.
Força.
Força,
minha andina das alturas.
Força, "Aymara".
Orgulho de ser "Abya Yala".
Levanto meu punho bem alto.
Orgulho boliviano,
raça guerreira ao redor do mundo,

abrindo novos caminhos,
lutando por mais de 500 anos,
sobrevivendo ao estado colonial.
Aqui está a minha gente,
presente na diversidade.
Sangue escuro que corre
por essas veias de cores andinas,
nativas.
O vento como eco dos Andes,
raízes e culturas ancestrais,
com esses males querem nos separar.
Paz,
ideologia,
divisão entre a nação.
Qual é a situação?
O denominador comum é a discriminação.
Ouça o movimento
e junte-se à luta.
Sentimento e pensamento no comando,
demonstrando unidade.
A verdade latino-americana,
levantando uma única voz de paz e união.

ESPÍRITO DE FOGO

Somos de um povo
com grande força de pensamentos desiguais.
Mas qual é o problema?
A xenofobia do sistema é o lema que fere,
do catarro não se forma um creme.
Atenção a esses democratas e a essas máscaras,
moldando e controlando sua mentalidade.
Disque realidade,
maldade que abusa,
luta ponte truta.
Eles nos usam como pessoas obtusas.
Vou demonstrar,
essa é a resistência da equipe latina.
Bairros, estados, países bem unidos,
compartilhando melodias,
ritmos, arte e poesia.
Tenho um espírito de fogo interno insone e desperto.
Não há medo,
o voo me jogou ao vento.
Se eu morrer tentando,
desaparece meu corpo,
meu templo;
resta meu exemplo.
Contemplou o tempo,
o momento.
A vida é um risco,
então não importa se eu escolhi,
estou feliz.
Não é um jogo,
é uma paixão a ser desfrutada com grande emoção.
Coloque paixão em sua missão,
conquiste sua direção,

sinta as batidas do seu coração,
sempre dê amor à arte
e à melhor meditação.
Sou plena e completa
quando termino uma canção.

MINHA MENINA LINDA

Minha menina linda,
você me deixa muito feliz!
Você é tudo para mim,
meu grande amor,
minha inspiração.
Você é tudo para mim.
São 3h.
Olho para o céu,
grata ao universo
porque do meu lado tenho um amor imenso.
Minha menina linda, eu a protejo.
Cuide de sua longa vida,
que está sob risco neste mundo.
Ninguém é perfeito, minha filha,
sangue do meu sangue.
Nunca tenha vergonha
por não ter pai,
levante a cabeça
como sua mãe lhe ensinou,
fique firme,
olhe pra frente,
respeite quem a respeita.
Deixe o povo falar,
que toda crítica e derrota lhe ensinam a se tornar uma pessoa.
A conexão que existe entre nós é perfeita, menina,
pega na minha mão,
eu a acompanho.
Vamos curar as feridas que nos machucaram demais.
Já se passaram dois ou três anos,
pouco importa.
Eu olho pra você, princesa.

Me dá um sorriso seu
porque você acalma minha tristeza,
cura minhas dores.
Cuidarei sempre de você, juro,
nos bons e nos maus momentos.
A mamãe ama muito você!
É por você que eu luto,
trabalho,
saio de casa de madrugada pensando em você
para que nada lhe falte.
Mantenha-se sempre a meu lado,
nem o destino nem a vida
serão maiores do que esse amor imenso que sinto por você.
Você é o ar que eu respiro,
luz do meu caminho.
Deixe-me dizer uma coisa,
eu amo você, filha preciosa.

AURITHA TABAJARA

Escritora brasileira, poeta e contadora de histórias, conhecida por ser a primeira cordelista indígena do Brasil. O seu livro *Magistério Indígena em Verso e Poesia* foi considerado como de leitura obrigatória nas escolas públicas do Estado do Ceará.

EU JÁ NASCI SAPATÃO

Nasci em setenta e nove,
antes do amanhecer.
A parteira foi me benzer,
assim conta a minha avó,
que eu abri um olho só,
disposta a minha missão,
sem ter no bolso um tostão,
sorrindo e bem satisfeita,
com um olhar de perfeita.
Eu já nasci sapatão.

Quando fui para a escola,
já me achava bonita
com um vestido de chita,
desfilava bem faceira,
corria e fazia poeira
para chamar atenção
das minas o coração,
ganhar com facilidade
na aldeia ou na cidade.
Eu já nasci sapatão.

Eu clamo e peço respeito,
só queremos existir,
direito de ir e vir.
E que assim toda mulher
fique onde ela quiser,
inclusive na profissão,
sem nenhuma opressão.
E sentar de perna aberta
sem ouvir, errada ou certa.

Eu já nasci sapatão.
Sou indígena,
sou guerreira.
Juntando-se à resistência,
sábia e com inteligência,
que luta por igualdade
de toda comunidade
pra um dia ser inspiração.
Violência, eu digo não,
pois é tempo de somar.
E tu pode acreditar,
eu já nasci sapatão.

Que as pessoas sejam livres,
pratiquem somente o bem.
Bonito não é quem tem,
mas quem sabe dar valor.
Seja também o autor
da sua reflexão.
Por não atender padrão,
eu já fui discriminada,
outras vezes rejeitada.
Eu já nasci sapatão.

Eu creio que chegará um tempo
que não irá precisar
da mulher ter que gritar
pra se livrar do agressor,
que a vida seja amor
pra cada situação,
que esse meu coração
seja pra quem eu quiser,
inclusive de outra mulher.
Eu já nasci sapatão.

Que a tal da homofobia
nem possa mais existir,
que a lei possa garantir
o todo por igualdade,
justiça e sociedade
saiam da escuridão
de salto ou de pés no chão.
Que eu possa ser feliz
aqui ou em outro país.
Eu já nasci sapatão.

O GRÃO

Vou contar-lhe um segredo
que aprendi como enredo,
recitando em poesia,
de um grão que foi plantado,
cultivado e germinado
pra se praticar todo dia.

Esse grão vem da memória,
transformado em história
para nossa educação.
Um velho quem me contou
sobre o grão que já brotou
no despertar da tradição.

Eu fiquei imaginando,
na cabeça martelando,
o que esse grão significa?
Será bom para comer?
Pra ninguém queria dizer,
vai que esse grão não fica?

Fui perguntar lá no rio,
mas ele estava com frio
e não quis me responder.
Voltei até o curral,
mas não tinha um animal
para algo me dizer.
Fui perguntar pra jandaia
que se banhava na praia,
pro lado de Fortaleza.
Ela me mandou voltar,

os ancestrais escutar,
e ouvir a mãe natureza.

Aí me veio a lembrança
no meu tempo de infância,
que os velhos me diziam
que prestasse atenção
na chamada educação,
não deixar a cuca vazia.

Mesmo sendo na cidade,
se educar com habilidade,
da raiz não esquecer,
falar o suficiente,
de tudo ser consciente,
não se deixar enlouquecer.

Esse grão é valioso,
para alguns misterioso.
É preciso transformar.
Plante na sua cabeça
um grão que te esclareça,
te ajude a rememorar.

Na aldeia a gente dança,
aprende desde criança
o maracá balançar.
Entende o que é respeito
porque sabe o efeito
na hora de educar.

Na aldeia tudo é arte,
tudo também se reparte,
é cultura festejar.
Pinta o corpo de urucum,
veste com palha de tucum.
Em tudo vale alegrar.

Damos bom-dia ao sol,
como flor de girassol.
Tudo vive em harmonia
na debulha de feijão.
O cuidado com o grão
que se tem a cada dia.

Tudo com habilidade,
firme na ancestralidade
ou na dança de toré.
O vento é nosso irmão,
lá não há separação
entre o homem e o igarapé.

Na aldeia tudo cresce,
a cultura permanece,
tudo é lindo como um grão.
Grão de arroz, de trigo, de aveia,
milho, café na aldeia,
grandes roças de feijão.

Joga bola a criançada,
tudo em roda e animada.
E contar quando crescer,
ser contador de história,
ter presente na memória
o canto ao anoitecer.

Eu ouço história na aldeia,
e para que outros leiam,
escrevo aqui no papel.
E o grão que estou plantando,
outra geração deixando,
é nesta forma de cordel.

A VIDA PÓS-PANDEMIA

Será um outro contágio,
uma outra compreensão.
A arte será ampliada
por talento e transmissão
cultural e de saberes,
encontro e afazeres,
com uma nova visão.

O tempo não é quadrado,
a história da humanidade
será contada assim
por toda sociedade.
Logo a pós-pandemia
recupera a economia,
volta à normalidade.

A natureza mais viva,
mobilizando as nações,
movimentando o planeta,
se espalhando as relações.
Seremos bem conscientes
para os nossos descendentes,
frutos das nossas ações.

Pois valiosas lições
mudarão nossos valores,
diferente da matemática,
que não altera os fatores.
Em sintonia com a terra,
humanidade sem guerra,
ar puro sem respiradores.

Mudar será necessário,
pensaremos diferente.
Novos costumes manter,
valorizar o presente.
Pra que tanto consumismo?
Bom mesmo é o companheirismo
com a família da gente.

O planeta é nossa casa,
precisamos dela cuidar.
Sem lixo, sem poluição,
floresta no seu lugar.
Valorizar mais a vida
pra terra não ser devolvida
e termos onde morar.

Se queres viver mais tempo,
cuide bem dos elementos:
terra, água, ar e fogo.
Atenção, rosa dos ventos,
esqueça um pouco a vaidade,
dê-se a oportunidade
de viver longos momentos.

Não matar os animais
para o bem da humanidade.
Converse olhando nos olhos,
ser outra sociedade.
Começa sempre por mim,
grande, jovem ou curumim.
Será a melhor faculdade.

Outro tempo com certeza
para leigo e intelectual.

Todas as espécies vivas
e um mundo virtual.
Antigas capacidades
surgirão sem dificuldades
em habilidade conceitual.

Para muitos será difícil,
pois não irão entender
que o recado do universo
não limita o empreender
em um mundo interligado,
onde todos conectados
irão se desenvolver.

Escrevo com várias vozes
do universo cultural,
entre linhas invisíveis
num espaço natural.
Fixando minhas raízes,
história, terra e matrizes,
minha essência ancestral.

MESTRAS DA SABEDORIA

Mestras da sabedoria,
fazei-me inspiradora,
parideira das palavras.
Talvez colaboradora
de um rumo diferente,
onde o amor e a gente
sejam como uma escritora.

Que todos os olhos enxerguem
o poder da natureza.
Um corpo nu ou vestido
sente amor, ódio e tristeza,
mas tu não me exterminou!
Meu direito, tu sepultou
com força, sangue e bruteza.

Sou essência da criação,
não queira me rotular.
Indígena tem sentimentos
e gosta de namorar.
Ser feliz com outra mulher
e respeito a gente quer,
sem precisar implorar.

Todo mundo quer ser feliz,
mas vive se importando
com a felicidade alheia.
Fulano tá se agarrando.
Preconceito e falação
contaminam a população
e tudo desconcentrando.

É muita gente apontando
pra eu querer ajustar,
mas seria bem melhor
cada um colaborar.
Mulher é pura alegria,
sabe escrever poesia.
Mulher é para se inspirar.

A voz da mulher guerreira,
por outras vozes, tecida.
É voz da terra da água,
da chuva abastecida,
de palavra e sabedoria.
Memória, e não teoria,
de saberes enriquecida.

Carrega dentro de si
o mistério do sagrado,
do urucum da medicina,
do canto do encantado.
A mulher é resistência,
ser feliz sem violência,
ficar viva em qualquer Estado.

BRISA FLOW

Mais conhecida como Brisa Flow, Brisa de la Cordillera é artiste transdisciplinar mapurbe e atua como cantore, produtore musical, performer e pesquisadore poeta.

LANGUËMCHEFE (INTRO NEWEN)

Vi de longe você chegar em seu grande barco,
depois em cavalo,
pela terra.
Vi de longe você chegar,
matando meu povo,
escravizando outro,
fogo contra flecha.
Vi de longe você chegar em tanques de guerra,
Fogo en La Moneda.
No Mapocho, corpos.
Vi de perto você chegar,
sirenes vermelhas na comunidade
anunciando mortos.

LEGADO

Licença pra estar aqui nesse tempo,
nesse espaço.
Salvem os encantados,
que se comunicam em sonhos
e guiam meus passos.
A eles minha força e minha alegria
pra continuar esse legado.

Quero semear Alegria e Sabedoria
no tempo da Terra,
no tempo do sol e da lua.
O dia atravessando a noite,
a noite atravessando o dia.
A floresta embaixo da rua,
a floresta ainda viva embaixo da rua,
do concreto.
Como meus pensamentos presos debaixo de um teto
que eu tenho que pagar caro
pra poder descansar o corpo muitas vezes inquieto.
Com a falta do direito à moradia,
no Brasil a demarcação de Terra parece ser utopia
pra quem só tá na sobrevivência do dia a dia.
Chega aqui, espia,
quem não luta está morto.
Eu nasci na luta,
eu cresci na luta,
vou morrer na luta.

Corpo migrante,
corpo que transmuta ódio,
em canto, Sorriso e Pranto.

Transmitido em arte,
parte da vida,
parte da Terra.

Corpo é território,
território espírito;
memória da bisa,
memória ancestral.
Sou Corpo originário vivo,
é isso que tento lembrar
quando vem o pensamento de suicídio.
Eu venci o genocídio,
sou o sonho dos meus antigos,
sou Corpo originário,
vivo Espírito que cura,
que alimenta, que sustenta o espírito do vento.
Kuruf que habita em mim,
que me acompanha de onde eu vim,
como um condor cruzando a Cordillera,
me lembrando que estou em casa
e que são ficções essas fronteiras.
Abya Yala Terra Fértil,
mais de 800 povos estavam aqui
quando a invasão chegou.
Somos mais do que o Show da Xuxa,
somos mais que a própria luta,
somos ayun Alegria,
somos bem-viver.
Mas as ficções coloniais,
sustentadas por herdeiros e herdeiras,
querem fazer você pensar
que Aymaras, Quechuas e Mapuches
são gente estrangeira
e que esse lance de indígena e demarcação de Terra

é bobeira,
coisa do passado,
tática do estado
pra te manter alienado.
Acreditando num falso progresso
já fracassado,
pois não existe futuro sem passado.
E no presente o extrativismo segue destruindo biomas,
Mata Atlântica, pampa e cerrado.
O fascismo escancarado,
herdeiros e herdeiras se alimentando
do trabalho escravo de povos originários
em fábricas e galpões,
onde nossos pais são escravizados,
mas eu deixo aqui avisado:
estamos organizados
e conscientizados de que é tempo de reparação,
retomada da cultura da língua
e proteção do solo sagrado.
É tempo de amor originário,
derrubando o patriarcado e o sistema genocida
que embranqueceu nossas famílias
e fez você acreditar que mulheres indígenas
eram mercadoria para consumo do estupro.
Pra sustentar o mito da miscigenação,
eu, langen originária, me recuso.
Meus curumins serão livres
e cobrarei com juros todo sangue derramado
na força de Leftraru,
na força de Tuíra,
na lealdade de Janequeo.
Marichiwew,
venceremos
dez mil vezes mais.

JANEQUEO

Rezo à justiça de Lautauro
Janequeo, Galvarino.
Caiam os bandeirantes e seus guerreiros assassinos,
que venderam nossos rios,
mataram nossos meninos,
curumins,
anciões,
ausentaram seu espírito.
Mas o sonho segue vivo,
sua força eu respiro,
o extrativismo desenterra o vírus.
É a guerra,
estamos em guerra.
Eles com arma na mão seguem vendendo as terras,
Pero si se calla el cantor,
muere el condor mama
y la libertad.
Bartolina montou exército pra retomar,
não posso desacreditar,
não posso desacreditar.
Janequeo convocou um a um
pra vingar sua morte.
Não posso desacreditar,
não posso desacreditar.
A justiça de Leftraru,
Janequeo,
Galvarino
e Galdino.
Caiam os bandeirantes.
Janequeo,
Marichiwew,
espírito de guerreira,

espírito do vento,
espírito do rio.
lejos de los andes, nada é como antes,
de La Cordillera,
nada é como antes.
Breeze
driftin' on by,
it's a new life,
it's a new day
for me.
Um rezo de Nina
pra começar o meu dia
neste país inventado,
onde a cruz, a coroa e o estado
querem colonizar o originário,
sua cultura, sua língua, sua crença.
E aí logo você pensa
que isso é só passado,
manejo do subjetivo e do significado.
Cê tem que ficar ligado
no código, na linguagem,
pra não ser capturado pela margem.
Eles tão na caça,
eles tão na caça
pra fazer
manutenção do poder.
Pela TV e pelo algoritmo,
é nítido que o genocídio
é responsável pela alta taxa de sucídio
e assassinato
em Abya Yala.
Yo sigo cantando si.
Janequeo,
Marichiwew.

CAVALO

Fecho os olhos, estou lá.
Posso sentir meu espírito livre,
não sou uma estranha ao cavalgar.
Procuro o amor que não tive.

Nos colocaram em cativeiros,
sequestraram nossos filhos,
sangraram nossos corpos,
roubaram nossos rios.

Como Leftraru, tenho pressa,
sinto raiva e saudades.
Quero encontrar meu povo.
Vejo seus rastros pela cidade,
olhos pretos vivos.
Sigo com kawallo,
acompanho seu ritmo.
Me leve pra casa.

Onde os córregos são limpos e a Terra é úmida,
onde o tempo acompanha o sol e a lua,
onde nossos antigos aprenderam a montar cavalos
pra se defenderem na guerra.

Onde mi abuela me enseñó a caminar
com o aliado,
kawallo livre.
Como Leftraru livre,
quero meu povo livre.

EDIVAN FULNI-Ô

É indígena nordestino do Povo Fulni-ô de Pernambuco e cresceu no Povo Pataxó Hã hã hãe no Sul da Bahia. Já em sua idade adulta começou a escrever para expor seus pensamentos sobre o universo indígena na política, cultura e diáspora. Cantor e compositor, transforma suas letras em música desde 2016, quando entrou na universidade, onde conheceu outros indígenas e se fez mais presente ao movimento e articulações dos povos indígenas do Brasil. Com a crescente retomada dos povos indígenas na arte, Edivan Fulni-ô vem fazendo parte desta demarcação artística.

MEU NOME NÃO É MANUEL

Esses dias na cidade de Feira de Santana, na Bahia,
fumando um cachimbo na sombra de um Juazeiro,
chegaram dois policiais tirando onda, perguntando:
— Que porcaria é essa que cê tá fumando aí, rapaz?
Eu falei:
— Qualé, policial? Esse aqui é meu cachimbo.
Não é da paz, mas é sagrado.
Sou índju Preto e tô andando por esses lados.
— Cala a boca e bota a mão na cabeça, vagabundo.
Se tu fosse índio mesmo, tu tava na Amazônia.
Foi a maior zona.
Eu falei:
— Policial, não mexe comigo não que eu não ando só.
Dito e feito.
Apareceram meus parceiros do povo Tupinambá,
do povo Pankararu,
do povo Tuxá.
Fora meus encantados.
Olhei no olho dele e disse:
— O meu nome não é Manuel.
Pra começo de conversa, meu nome não é Manuel.
— O meu nome não é Manuel,
o meu nome não é Manuel.
Meu amigo disse:
— Isso é hora desse papo de salvar o mundo?
Tô desempregado já faz tempo e o povo me chama de vagabundo?
Minha amiga disse:
— Isso é hora desse papo de salvar o mundo?
Tô aqui bebendo minha cerveja
justamente pra esquecer o mundo.
Meus amigos, já passou da hora

hoje de falar desses assuntos.
O povo do mundo tá morrendo,
tem gente fingindo que não tá vendo,
tem gente morrendo de frio na rua,
mulheres em casa sendo espancadas,
crianças de quatro anos estupradas.
Meus amigos, já passou da hora
hoje de nós segurar o céu.
Hora de falar de preconceito,
de demarcação de terras indígenas,
saúde e educação.
Hora de descolonizar.
Vamos juntos segurar o céu,
vamos juntos segurar o céu.
Os cara lá em Brasília inventaram
um tal de Marco Temporal,
querendo tirar nós, indígenas, do hábitat natural,
onde já se viu?
Já não bastou Cabral?
E a gente vai pra onde?
Fundo do teu quintal?
Qualé, malandro?
É demarcação já.
E se vier com enrolação, o bicho vai pegar.
Vá plantar soja ou mineração em outro lugar,
pois na floresta a aldeia vai continuar.
Yanomami não paga aluguel,
Tupinambá não paga aluguel,
Pankararu não paga aluguel.
Povos indígenas não pagam aluguel.
Minha tia enche o saco,
vive mandando eu cortar o cabelo.
Diz que índio não tem black,
diz que black é coisa de preto.

Minha tia, eu sou
Índju preto, eu sou.
Tenho orgulho do meu black,
da minha história,
da minha cor.
O Índju preto é resistência.
O Índju preto é reverência
a todos os ancestrais que lutaram com clemência.
O meu nome não é Manuel,
vamos juntos segurar o céu.
Tupinambá não paga aluguel,
black vai crescer até o céu.

FUMAÇA

Todas as previsões que tu teve de mim,
eu ignorei, pois é,
estou na sua frente.
Mostrar a você que esse lugar é meu.
Se não meu, de mais ninguém.

Pachamama, meu lugar,
disso eu não abro mão.
Teu espelho e moletom,
leva, não vou precisar.
Tua rua tem meu nome,
estou em todo lugar.

Anhangabaú, Aracaju, Copacabana,
Itapoã, Maracanã, Zorobabé,
Ibimirim, Itacaré.

Enquanto houver rio, houver mar,
vou mergulhar nas ondas
do meu ser ancestral,
fazer flutuar
sobre o sangue,
sobre o mal
espalhado neste chão.
Fumaça me tornarei,
você não vai me alcançar.

Enquanto houver rio, houver mar,
vou mergulhar nas ondas
do meu ser ancestral,
fazer flutuar

sobre o sangue,
sobre o mal
espalhado pelo chão.
Fumaça me tornarei,
você não vai me alcançar.

NOSTALGIA DE FUTURO

Às vezes me sinto, sei lá, tão feliz
no topo da serra que nunca subi,
vendo a noite
ou deitado na grama
e voando no ar.
Com a mente dispersa,
tentando encontrar
a razão de estar tão feliz,
deixo vagar sem impedir o bem-estar
de estar tão feliz.

Sinto saudade de coisas que nunca vivi,
sinto saudade de reler o que nunca li,
sinto saudade das águas em que não mergulhei,
sinto saudade de cantar o que nunca cantei.

Vou viajar por aí, reencontrar quem eu nunca vi
e conversar sobre coisas do passado
que nunca vivi, mas suspirei de saudade.

Sinto saudade de gente que não conheci,
sinto saudade do ar que nunca respirei,
sinto saudade da boca que nunca beijei,
sinto saudade, senti saudade
de coisas que não me lembrei.

Eu me sinto feliz assim
com coisas que nunca vivi,
mas sei que ainda posso viver.
Pois é, e se um dia eu falhar, talvez
pouca coisa então vai mudar,

porque já sou um sujeito feliz
com coisas que fiz e não fiz,
com coisas que vou fazer,
com coisas que nem sei dizer.
Sou tão feliz.

GENOCÍDIO

Pés molhados do rio,
pássaros a cantar
e os meus olhos cheios de lágrimas.
Mil folhas
caem de um horizonte de infinitas,
finitas árvores despencando (no chão).
Meu Deus, como permitir
o indígena fora daqui?
Em preces no teu cantar,
pedindo só pra ficar
um tempo mais,
um tempo mais,
um tempo mais,
um tempo mais.

Eu aceito a consciência que vier
de um homem qualquer,
menos poderoso que o Pai Tupã,
em nossa canção,
em nossa ilusão da paz,
da humanidade desumana.

Só resta chorar pra encher o rio,
o vento soprar,
mãe terra sorrir,
humanos viverem,
humanos viverem,
humanos viverem.
Pés molhados do rio,
pássaros a voar
e os meus olhos cheios...
de lágrimas.

FERNANDA VIEIRA

Fernanda Vieira é Mestiza, descendente Indígena em retomada com raízes paternas em Aracaju (SE); cuír/queer; e carioca (sub)urbana. Atua como escritora, pesquisadora, poeta, professora, e tradutora. É doutora em Estudos de Literatura pela UERJ. Possui livro, contos, poemas, traduções, ensaios e artigos publicados em meios diversos. Criou e mantém Ikamiaba.com.br.

EU VI O FUTURO NUM SONHO

Quando a mãe terra transbordar suas lágrimas e a grande água vier
engolindo em goles largos os despedaços de terra onde fincamos prédios,
quando a mãe terra esparramar seus braços em desertos
sedentos pelo amor dos filhos que semearam morte,
quando nas veias da terra só correr mercúrio,
quando as sementes e os frutos valerem mais do que o ouro
pelo qual expuseram e reviraram as vísceras da terra,
quando a terra escurecer,
quando o céu cair
os Ternos virão.
Os Ternos virão correndo,
saindo de suas alcovas
com suas mãos imundas cheias de pedras,
que já não serão mais preciosas;
com suas mãos imundas cheias de papel-moeda,
que já não será mais valioso;
com suas mãos imundas que só sabem tomar,
pedindo pela nossa medicina,
e falarão, em voz alta e todos ao mesmo tempo, que eles queriam demarcar,
mas...
E falarão, em voz alta e todos ao mesmo tempo, que não queriam desmatar,
mas...
E falarão, em voz alta e todos ao mesmo tempo, que não queriam nos matar,
mas...

Mas será tarde para perceberem que, ao nos matar, condenaram a si mesmos.
Nós vimos os Ternos chegando,
tratores, limusines e caravelas.
Nós vimos os Ternos chegando;
nós lutamos, marchamos, gritamos;
nós cantamos, dançamos e sonhamos.
Nós sonhamos.

Eu vi o futuro num sonho.
Eu batia meu pé no chão para fazer uma prece
e ele afundava nas areias do cadáver de uma floresta,
e eu não podia cantar
porque uma tempestade de areia e destroços açoitava meu corpo.
Eu fechava os meus olhos e sentia mil cortes na pele,
como se todas as árvores arrancadas se agarrassem ao meu couro.
Um eco do socorro que não chegou
no urro do vento furioso.
A memória de palavras vazias e promessas quebradas,
repetidas em um canto de traição e morte.
E eu sinto o cheiro forte da tinta de sangue,
da caneta que assina o genocídio legislado.
Eu vi os Ternos chegando,
tratores, limusines e caravelas.
Eu vi o futuro num sonho
e a humanidade não estava nele.
Contem às filhas, aos filhos,
às netas e aos netos:
a destruição veste terno e gravata.
Antropoceno é uma palavra engomada para Apocalipse.

IAN WAPICHANA

Poeta, slammer, rapper, cantor, produtor audiovisual e compositor. Nascido em Roraima, ele é do povo Wapichana. Faz parte da juventude indígena que passa os valores culturais da resistência, força e espiritualidade em suas expressões artísticas. A ancestralidade é o guia de suas mensagens de paz e cura, mas também da realidade de descaso aos povos indígenas de norte a sul do Brasil.

REPARAÇÃO HISTÓRICA

Como era ser criança?
Cheio de saúde, pés descalços, muitas andanças.
Varava do Pricumã pro São Vicente,
com 6/7 pra poder ir pra escola.
À tarde era soltar pipa e jogar bola.

Histórias que trazem nostalgia,
recordando sempre que, se não fosse minha família,
eu não teria alegria
nesse cotidiano, terra quente, às vezes vida fria.

Dias ruins, dias bons,
quem desrespeita o rio é submergido.
Não tô pra caça,
quem invadiu essa terra tá iludido.
Onde Judas tá do seu lado, é seu amigo.

Finanças, heranças, matanças,
homens, mulheres, crianças.

Corpo, terra, afogado,
assassinado pelo Estado,
enquanto elegemos bozonaros.

Quem vai justificar a morte de milhões de indígenas?
Não recordo como é ser criança,
abro portas com pontapé ou calmaria.
Somos a retomada, não te espanta.

Nasci no norte e levo a força do jenipapo,
a cruviana na madruga quem me guia.
No dia a dia lembro o que Santxie me dizia

na fogueira às 5h da manhã
ou no final da tardezinha.

Nunca serei capacho do seu sistema,
Já estive envolvido,
hoje tô tranquilo.
Reparação histórica rumo ao infinito.
Não falo de notas, nem capitalismo.

O que nos interessa são os rios,
as terras, os animais, o ar,
que são presentes de Pachamama.

Eu luto pra que no futuro
meus filhos possam respirar.
Peço a ausência de ódio e matança.

Laços da colonização estão intrinsecamente na mente
e nas atitudes.
Lavagem cerebral é o nome que se dá
ao que fizeram nesse continente.
É um absurdo.

Quem representa o poder no país
não nos representa,
nunca nos representou.

Espero um dia tomarmos o que é nosso por direito.
É só o começo.
Indígena, poeta e professor.

Nas ruas, aldeias, quilombos,
antepassados morreram na guerra desnecessária
por diamantes, ouro, prata.

Milhares de vida ceifadas,
espelhos falsos, ganância.
Há 500 anos vivendo em uma emboscada.

Espíritos vazios devastam o universo.
Fomos dizimados pra extraírem a essência
e ainda nos pedem calma,
achando que vamos viver sempre na resiliência.

Percebo os olhares quando entro nos mercados.
Um salve pros meus irmãos que estão na luta.
Meu sangue lava as ruas de São Paulo.
Abençoa, ó terra mãe, pois posso ser assassinado.

LIVRO DE MENTIRAS

Somos o grito de resistência e muitos perderam a essência.
Fez da grana o foco, entrou em calamidade, eis a consequência.
Obviamente os irmãos fome não passarão,
mas de que adianta ter todo dinheiro do mundo e viver na solidão?
A solução é harmonia e humildade,
se encontrar dentro do ser pela nossa comunidade,
construir pilares da verdade,
viver o amor, a paz e a honestidade.
O errado é cobrado, então tente fazer o certo.
Erramos demais e agora é a hora do acerto.
Restart, que comece o jogo, seja o vento
forte na tempestade, suave como incenso.
Então não desperdice o seu tempo,
cada ser individual é o seu próprio tormento,
destinatário da sua própria caminhada.
Vai doer, mas não tire os pés da estrada,
se esquivando do mal e absorvendo o que é bom.
Siga seus sonhos, seus planos, não desperdice seu dom.
Busque a tranquilidade, a espiritualidade,
derrube muralhas, não fique preso à comodidade.
Nossa raiz indígena pulsa o sangue vermelho.
Nossa raiz indígena pulsa o sangue vermelho.

[Interlúdio]

Rasguei o livro de mentiras pra se tornar mais prático
e se tornou mais fácil decifrar esses otários.
Manipulação, escondem as verdades,
e hoje mostro suas verdadeiras faces.
Lavam as ruas urbanas com sangue.
Seus capachos começaram com o bangue-bangue.

O alarde vem da boca do profeta,
tentou mostrar pro homem que a luz
é a única que sempre esteve certa,
que os porcos vêm armados,
sua identidade é a maldade,
espírito regido pela crueldade.
Quem não quis, não ouviu, permaneceu escravo,
se tornando massa de manobra desse sistema falho,
e o corrupto ri cada vez mais
enquanto os meus se matam por causa de falsos reais.
Obediência ao caos e às leis que nos impuseram, mano,
tudo isso pra esses merdas continuarem roubando.
"Miliano" do retrocesso urbano.
Muitos acham bonito eles se esconderem debaixo do páno.
É mais fácil convencer que o corrupto é bonzinho,
que o honesto é corrupto, ele roubou sozinho.
Cê para e pensa:
quem tá errado no país?
Na hora da prova prática, procuramos marcar o "X".
Gargantas de falsos profetas eu corto.
Utopia na comunidade, é lógico, caótico.
Não morro hoje, mas serei o próximo.
Óbvio, quem morre é sempre os nossos.
Se for necessário tiro trocar, eu troco,
meu espírito renasce e tu será o próximo.
Eu sou a luz, regido com escudo,
espadachim e alto calibre contra esse sistema sujo.
Querem matar a própria mãe de berço.
Somos a resistência,
quem não é, pega o beco,
se esconde atrás das palavras que eu desmascaro.
Hoje vamos ver quem é o fraco, sistema falho,
acordei mais insano que nos outros dias.
Isso é RAP NACIONAL,
pura ideologia.

Nas comunidades não é diferente,
quem paga o pato sempre foi meu povo,
cê me entende?!
Crente ou descrente...
As palavras cortam a língua de quem mente.

VIVÊNCIAS DOS EUS

Meu sangue derramado sobre o papel,
a caneta sangra, eu, pobre réu,
discordo de cada palavra governamental,
pois mesmo ligado à matéria,
eu espiritual.

Em cada verso o poeta exalta a vida.
Em cada tiro em nossa direção,
vidas perdidas.

Eis a sina de um povo sofredor,
que buscou a justiça e só encontrou ódio e dor.

Mesmo sendo amor, cor, pensador, rancor,
somos tirados de comédia a tumor.

Bem-vindo ao século XXI pós-chacina.
Cês tiraram tudo que nós "tinha".

São santos e eus errados,
Quevedos tornaram meu povo alienado.

Desculpa aí, queria escrever amor,
meu coração de ar paira sobre o rancor.

Objeto marionete desse povo sofredor,
com pilhas recarregadas de muita dor, muita dor.
Vivências dos eus, amor.

HUMANOS

Somos seres impuros,
humanos, somos tão sujos.
Somos seres impuros,
tão sujos, tão sujos.

A carne é fraca,
o espírito tenta ser forte.
O que queres?

A fortaleza são os próprios pés
sustentados por Tuminkier.

A matilha está pronta pra jornada.
Se deu mole ou se perdeu-se do rebanho,
virou a caça.

Armas que matam,
e somos armas.

Que matam com a língua,
efeito granada.
Prepara que a bomba tá posicionada,
a língua tá afiada.

Quebrando o tabu
e correntes da juventude alienada.

Uns se superam na espécie humana.
Humanos pensam que mandam em tudo.

Querem dinheiro e poder,
só pensam no seu lucro.
Ouço sussurros.

O medo prende,
formando barreiras pras nossas crianças.
Século Imundo.

Humanos, somos tão sujos.

Existem os de bem
no presente e no futuro.

O lado obscuro cairá,
as faces irão se mostrar.

E o amor da eterna luz
irá nos unificar.

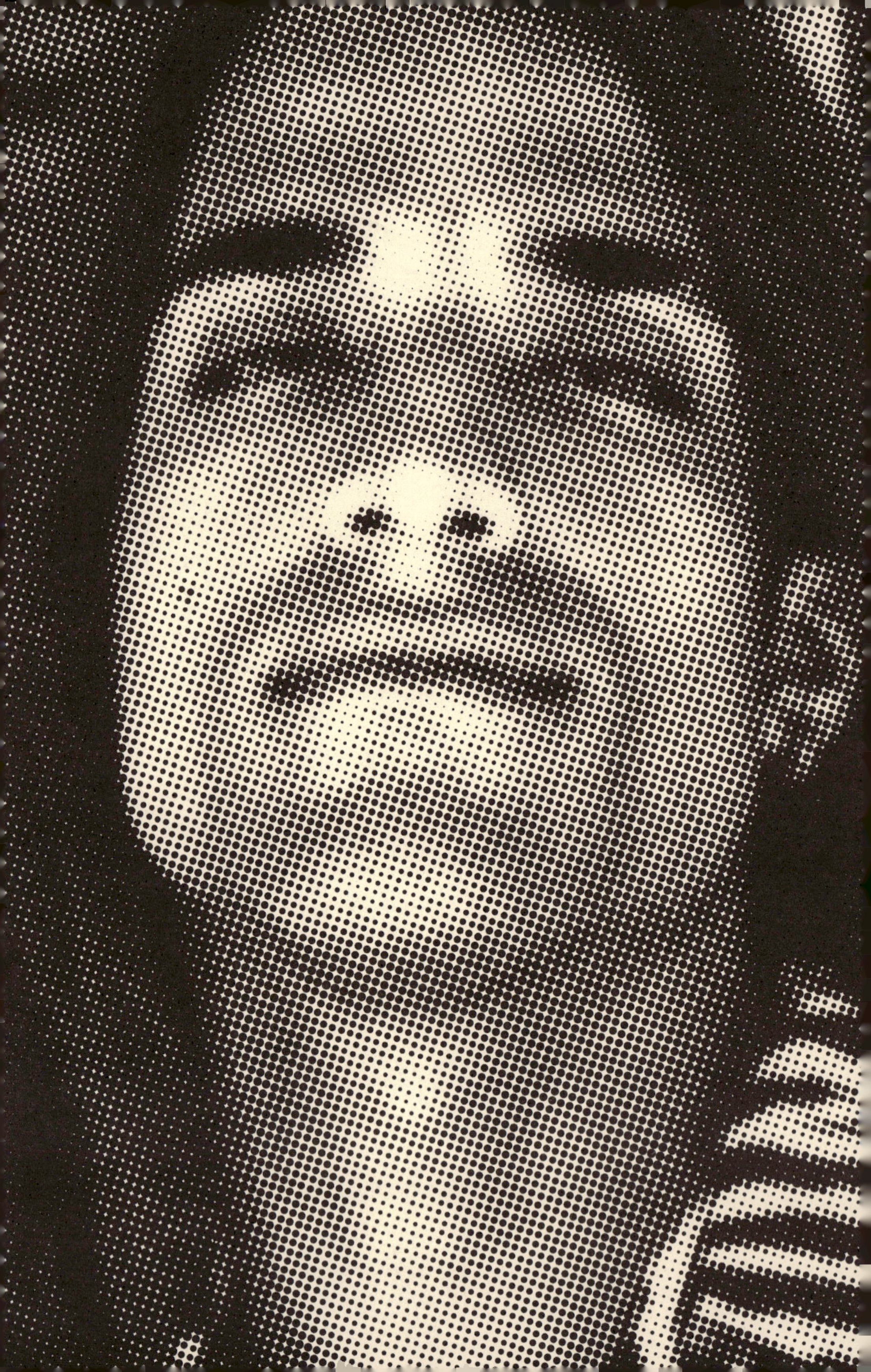

KANDU PURI

Rapper, poeta e indígena urbano do Rio de Janeiro. Em meio à destruição desta terra e às consequências do constante genocídio e etnocídio de seu povo indígena, originário dos quatro estados do Sudeste, o povo Puri. Em combate, Kandu faz parte do grupo de revitalização da língua e cultura Puri: Txemím Puri — um grupo protagonizado apenas por indígenas Puri comprometidos com o povo, seu lugar na história e no presente, a verdade da língua e cultura.

KOYA (FALAR)

Dizem que começou pela nau
e que só assim aqui teve paz,
mas quando eu vi branco de Portugal
foi que vi a morte dos meus ancestrais.
Não adianta,
só pra branco tá bom aqui desde o império.
Eu tava na mata, vem e desmata,
sua cidade é o meu cemitério.
E amor ao próximo?
A história é bem diferente do que eles contam,
aqui não teve um caso de amor,
vocês estupraram as Pocahontas.
Eu sou Puri pra lembrar que o Brasil
não vem da colônia,
Coroado, Puri, Koropo, Goytaca,
os guerreiro da Mata Atlântica,
que aqui meus parentes são brabo.
Me botou no toco,
nunca vou esquecer.
Até africanos sequestraram pro outro lado enfraquecer.
E isso tu não ouve na escola,
indígena ou quilombola
tivesse união,
levava a mente e a gente pra fora dessa gaiola,
da bola que rola na Copa da Europa,
que os alemão chegou e fizeram chacota,
pra me dizer que 7x1 é a minha maior derrota,
pra me dizer que nós te rouba quando usa cota.
É que nós te espera a toda hora e não demora,
que esse vento que te trouxe um dia leva de volta.
Fé.

koya koya koya i ah yamoeni dieh ti mun koya i ah?
(Falar falar falar pra mim, o que você vai falar pra mim?)
yamoeni pañike ando ambonam yamoeni tximeon ne pa laman
(Que nós morremos. Que indígena não tem alma)
gayudo gayudo gayudo i ah yamoeni dieh ti mun gayudo i ah?
(Dar dar dar pra mim, o que você vai dar pra mim?)
omi kre ansehon kanjana aretxikuytxi day kambona
(Um pouco de cachaça, mentir na conversa)
brotxen brotxen brotxen i ah yamoeni dieh ti mun brotxen?
(Fazer fazer fazer pra mim, o que você vai fazer?)
brotxen boa i gayudo kapuna omi tupangwara agahon omi
ñamankonkuzabayuna
(Fazer arma pra dar tiro, uma igreja com um batizado)
makim ah pa ey metl'on
(Mas eu tenho minha força)
day xapuko ah pa ey ndond
(Nas ervas tenho minha cura)
ah pa erekema ah mateuhin
(Tenho tudo que preciso)
ml'igapeom
(Guerreiro)
nat ah pa maki ey tekwaraxi
(Porque eu tenho o milho, a minha paz)
lonke montay ey tekwaraxi
(O bosque das sapucaias, a minha paz)
ñawera hon kemun ey tekwaraxi
(Ñawera está caminhando, a minha paz)
erekema sate ey tekwaraxi
(A todos os parentes, a minha paz)

INDÍGENA ORIGINÁRIO DO RJ

Indígena originário do RJ,
o sangue do meu povo,
raiz dessa terra.
Presente de fúria,
passado de glória.
Nós sobrevivendo até dentro da favela.
Indígena originário do RJ,
o sangue do meu povo banhando a terra.
Presente de fúria,
passado de glória.
Nós sobrevivendo até dentro da favela.
Criados à margem pela mãe solteira
que leva nas costas famílias indígenas.
Os originários da terra levados roubados pras periferias.
Desde a escola que o nosso sagrado
vem sendo ensinado como fantasia,
vivendo o bagaço do etnocídio na selva de pedra,
num mundo racista.
Era menor,
vi as arma brilhando,
os olhos brilhando, querendo ser mais.
Só droga pra dentro,
entope veneno,
tá cheio de tic,
sempre querendo mais.
Pra lá e pra cá sempre dá enquadro,
boletim de ocorrência,
chamado de pardo.
Os filhos da terra,
donos da terra,
num apagamento identitário,
roubaram minha terra.

Cadê as araras?
Os cantos,
o rio,
o sorriso
e a mata.
Me invisibiliza,
me apaga,
mas me queima no ponto do buzão lotado.
Me caça,
me escraviza.
Sempre nossos corpos sendo violados.
Me mata,
me rouba,
me estupra.
Makim mapro i ah ndondna
Depois vem me pedindo a cura
Ah ne muya manteka kara
Indígena originário do RJ,
o sangue do meu povo,
raiz dessa terra.
Presente de fúria,
passado de glória.
Nós sobrevivendo até dentro da favela.
Indígena originário do RJ,
o sangue do meu povo banhando a terra.
Presente de fúria,
passado de glória.
Nós sobrevivendo até dentro da favela.
Txo kapuna prika yamoeni galing ey txemim sate immi
(Veja os tiros que atingem o corpo dos irmãos do meu povo)
ah hon plew'ak txemim hon plew'ak diehyuñun kapuna ne galing ey tutak
(Eu estou de pé, o povo está de pé, seus tiros não atingem meu espírito)
taheantah krim he ey ure day immi ah pa
(O sangue do ancestral é o meu, corre no corpo, eu tenho)

taheantah krim he ey miti ey txemim mun yah itanaji
(O sangue do ancestral é o meu, hoje meu povo vai achar a vitória)
taheantah krim ure day immi day orun xamum gran krim mun ñoti
(O sangue do ancestral corre no corpo, na grande cobra esse sangue vai se transformar)
taheantah krim ure day immi gran uxorun pahinha he puri
(O sangue do ancestral corre no corpo, esta grande terra sempre será Puri)
Indígena originário do RJ,
o sangue do meu povo,
raiz dessa terra.
Presente de fúria,
passado de glória.
Nós sobrevivendo até dentro da favela.
Indígena originário do RJ,
o sangue do meu povo banhando a terra.
Presente de fúria,
passado de glória.
Nós sobrevivendo até dentro da favela.

ML'ITON (LEVANTAR)

potedu prika ml'igapeom tri duthana agahon ml'iton
(guerreiros das cinzas sabem cair e se levantar)
ey metl'on hon day ey txemim puri hon day erekema tximeon txemim
(minha força está no meu povo Puri, está em todo povo indígena)
pañike andobrotxen orun omrin i kemun metl'onma day gran txori
(nós fizemos o grande arco para caminharmos fortalecidos nessa mata)
makim ah txo prika krim day sana agahon ah txo immi prika day sana
(mas eu vejo muito sangue no caminho e vejo corpos no caminho)
ammi prika kxe axe ansehon ey taheantah
(os ossos dentro da terra, do meu ancestral)
no ñawera andokemun miti nedl'an kemun
(onde Ñawera caminhou, hoje a morte caminha)
no ah andohon karkun miti ah toxeta koya
(onde eu estive triste, hoje eu falarei)
boase prika i ey sate prika nat ah ne mateuhin koxa
(palavras para os meus parentes, porque não preciso mais gritar)
ey metl'on hon day ey txemim puri hon day erekema tximeon txemim
Há muito tempo nessa terra prolongando a nossa dor,
herdando do sangue da guerra.
Vocês não são superiores,
Nem são camaleões, multicolores,
porque aqui nessa selva
cês não mudam de cor.
Bota um cocar ou faz um nagô,
novas modalidades do ego do sinhô.
Tá com a vida boa, safados.
Roubaram tudo isso dos originários.
Tá com a vida boa, safados.
Roubaram tudo isso dos originários.
potedu prika ml'igapeom tri duthana agahon ml'iton
(guerreiros das cinzas, sabem cair e se levantar)

GUERREIROS DE SANGUE

Guerreiros de sangue,
as mais antigas crianças do mangue.
Guerreiros de sangue,
se é flecha na mira nem tenta se esconder.

Tô em busca daquela selva,
depredando as suas pedras
por cima da pele,
da carne,
do cinza,
do asfalto,
do podre na terra.
A longa espera.

Não dá pra parar de repente.
Será que vai ser isso sempre?
Eles sempre tão atrás da gente.
Se enterra, nós somos sementes.

Mentes de Livro,
corpos de Sala,
almas sem experiência.
Me impõe sua língua
e me apaga,
ditando os padrões de excelência.

Os primeiros da terra sofrendo racismo,
no meio da terra sempre esquecidos.
Se esse mundo é PRETO E BRANCO,
eu não caibo nesse xadrez.
Se nossa presença te causa espanto,

se eu pio de bonde,
tu surta de vez.

Essa batalha é na terra,
estamos em guerra.
Não posso perder uma flecha,
na brecha te breca na testa.

É que vocês não me chamam pra festa
Porque lá vocês bebem do meu sangue,
porque lá vocês comem do meu corpo.
É o corpo e o sangue dos deuses da terra
na boca dos vermes de lá.

Se você der mole, eu vou te pegar.
Ah ne muya manteka kara
Ah ando duthana ah mun bokuah
Ah ne tlamatli manteka kara
Pañike mun txahe oera
(Eu não os quero aqui
Eu caí, eu vou subir
Eu não gosto deles aqui
Nós vamos viver amanhã)

OXÓSSI KARAJÁ

Filho do rio Araguaia e do encontro entre o povo Karajá e remanescentes quilombolas. Poeta e rapper, reside em Brasília, onde atua como agente cultural e professor. Através da música expressa sua revolta com a destruição das florestas e rios. Suas poesias são em português, yorubá e Iny Rybè (idioma do povo Karajá).

SETE FLECHAS

Oxóssi na casa.
Na asa, imaginação.
Afiando a caneta espada,
lutando com a própria mão!

Jiary berohykA riore rare
Walahi harityhy rare
inytori jahuri wanire
Benora wadee awire

Hawaki rasyny myhare
Wabiowa ijodire
Otuni wadee awire
Iny boho-ki awirenyre

Abrindo os caminhos
sem medo do tombo.
Nasci do encontro de luta
entre a aldeia e o quilombo.

O amor multiplica
a pergunta que explica.
A lambança que fica
é fruto da ignorância política.

Ruralista aqui sai da reta,
respeita o grito da floresta.
Racista revista e me planta desgraça.
A TV só confunde a bagaça.

O nome da farsa

é reforma escravista.
O conflito já tá bem à vista
e a paz nunca veio de graça!

Eles me expulsaram da escola,
eu vim aprender nas viela.
A culpa é da rua,
eu sempre fui dela
e vivo no mundo da lua.

Meu luto é voto na luta.
A culpa nunca foi minha,
a cegueira tá usando lupa,
pique terrô dos coxinha.

No mato o fight é de foice,
invadindo a cena, o problema
poema esquema no coice,
mais perseguido que o Choice.

A melhor parte desse meu ócio
é bater no agronegócio.
Nosso povo segue oprimido
e os pivete tão no comprimido.

Dez anos nessa capital
e cê nunca me viu! Incrível...
Dizem que índio no matagal
é guerreiro invisível!

Canto, pranto e revolta,
exijo minha terra de volta.
E que se foda os processo,
eu quero é cota no Congresso.

Réu confesso, pique Robin Hood,
atitude no verso de escolta.
Ganho asa e num perco raiz,
poesia é o que eu sempre quis.

Na dúvida fui lá e fiz.
Me chamam: esquerdopata idiota.
Esculacho os escravocrata.
Já viu nativo poliglota?

Disparo uma flecha só,
na trincheira nunca corro só.
E pra aqueles que num acredita,
essa reza é o cartão de visita!

Resisto, escrevo e espero!
Banqueiro, pare o genocídio.
Martírio de Mãe ou infanticídio?
Axé perguntou o que eu quero!

FUNÇÃO BORDUNA

Okê arô! Arolê odé, rima de caçador,
traz meu canto de paz e desfaz essa dor
que assola o meu peito no leito de amor.
Arolê odé, Rei na Terra e Ketú revoltou...

Minha flecha de Ouro é teu Patuá,
meu tambor de crioula, ou..
Iemanjá, cuidai dos prantos de sangue
na rua, no céu, no sagrado e no lar.

Arolê odé, meu pai caçador, guardai,
olhai pelos filhos que correm de olho
no oitão e nas cotas dos crimes de cor.
Livrai minha aldeia da peste, Sinhô!

....

Vou respirando pelas quinas Babylon tori,
fui recrutado nas mensagens pra evoluir.
Visão sem preço fixado; os bicos vão cair
de pé, no chão, sigo na cena; sina Guarani.

Ainda tem fã que desespera que vá me iludir.
Teu inimigo é mais interno, Karma de Davi.
Se as barcas vêm pesadas, Reza de dormir,
quebrando enredo das algemas, olha lá, Zumbi.

Botando fogo a casa grande vai se explodir.
Tuas ideias são teus guias; o Reino sucumbiu.
Tu sabe, eu fui e já voltei e ele ainda nem viu.
Oh, Pátria amada idolatrada, vai, Bye Bye Brazil.

Os mano que cheirava a vida, vários desistiu.
A fé que acalma tua alma te salva do frio,
da solidão que te maltrata, e o vizinho sumiu.
A chaga que adoece o peito duro se feriu.

E o grito da mãe natureza a terra sacudiu.
Se essa luta é lua sacra ancestral, resistiu.
Fechado o lado eterno fado de um jão que traiu,
sangue inocente é o pecado e a justiça faliu!

...

Tupinambá ainda brota da terra de quem
conhece o caminho do "sinhô" da guerra?
Antiga mensagem derruba teu muro e tem
mil madeireiros queimando futuro na serra!

Trazendo a maldade; olho na minha passagem.
É o vento do Norte quebrando a má sorte,
patuá cidade, eu trago meu canto.
Plantei nos recantos de chão da perifa tori.

Renasci Kabi, avisa pro fã que eu não me iludi.
Araguaia, cadê meu cerrado que tava ali?
Eu chamo autoestima; eles, ego inflado.
Aliado cuidado, a farda só mancha!

Na mira inocente nem todos na dança
são linha de frente, a mulher presidente.
Aviso Yandê, a Katú tá na cena.
Subi sete flechas queimando bandeira e descendo poema!

Falam, falam, falam, falam, falam, falam...
Falam descobrimento, eu escuto invasão.
Da floresta meu povo ainda é guardião.

Ancião que recusa catequização, vai, vai.
Preservação que garante o ar do teu pulmão.

O Txai tá firmão, seguindo a função.
Bodurna Juruna é o grito Galdino refrão.
Iny-Karajá, Kayapó-Kariri, Tupi Guarani,
Maracá União da Nação, Rei!

FARDO SECULAR

Depois de tanto recomeço, ainda existe a dor,
e a cor mais forte ainda resiste ao fardo secular,
sem sequelar, mas, como pode, ainda vive de sonho
e a chama acessa o brilho vivido a todo vapor.

E o que proponho é nada mais que bote salva-vidas.
Flow Mertiolate dói na alma e sara tua ferida.
E o que proponho bússola mais do que sete idas,
mais engradado, peixe assado ou vida mal parida.

Que essas linhas ganhem o norte com tom de passado,
passem a compor cada minuto desse meu presente.
E pra quem sente, o verso é feito de tonalidade.
Que a liberdade voe mais que o dom do meu versado.

Quem está do lado vai saber o quanto que doei,
quem se perdeu num vai saber o quanto que doeu.
O breu que fica é cicatriz que simboliza o eu,
que faz de nós um organismo de uma só voz.

Pelas irmãs, pelos irmãos ou pelos teus avós
que adentraram a mata escura pra sonhar com nós,
pois dessa lua a profecia continua forte
e a trilogia dessa luta desconhece a sorte.

E a maestria dessa guerra já venceu a morte.
Mais de uma vez o *apocalipto* varreu a terra,
mais de uma vez o vencedor foi aquele que erra.
De uma só vez o coração me pedindo que volte.

PELAS MATAS

Pelas matas ciliares,
somos o rio que alimenta os mares.
Meu ritual é atemporal,
desde bem antes da tua nau.

Tapuya vive combatendo o mal,
plantando a cura, pare aquela gente,
brisa fechou na linha de frente.
Wapichana presidente.

Reescrevendo o livro de história,
reconstruindo outra estrutura,
reflorestando mais um pensamento.
Voo gavião sem medo de altura.

Munduruku vence belo monte,
tua água potável some da fonte.
Quem explora a terra transforma em munturo,
quem chora na guerra escuta o meu sussurro.

Olhos abertos enxergam no escuro
marcas do tempo passado e futuro,
brilho presente na pele, o orgulho
descoloniza a mensagem do muro.

RENATA TUPINAMBÁ

Seu nome indígena é Aratykyra. Ela é jornalista, produtora, poeta, consultora, curadora, roteirista e artista visual. Fundadora da produtora indígena Originárias Produções. Colaboradora do Visibilidade Indígena. Há 15 anos atua na difusão das culturas indígenas e etnocomunicação. Faz parte do Conselho Curador da TV Cultura - Fundação Padre Anchieta desde 2020. Membro do Amotara Zabelê na Bahia, escola de saberes ancestrais no território Tupinambá no município de Una. Criadora do podcast Originárias, primeiro no Brasil de entrevistas com artistas e músicos indígenas, que íntegra a central de Podcasts femininos PodSim. Foi co-fundadora da Rádio Yandê, primeira web rádio indígena brasileira. Curadora do Festival Corpos da Terra - imagens dos povos indígenas no cinema brasileiro (2021). Curadora da segunda mostra de Etnomídia indígena (2021). Curadora do Festival de Música indígena, no Indígenas BR 2021, do CCVM.

CUNHÃ ARATYKYRA
(MULHER GOTA DO DIA/TEMPO)

Desmistifiquem a história, resgatem a memória.
Desmistifiquem a história, resgatem a memória.
Brasil,
pátria que não me pariu.

Inventaram o marco temporal
para dizer que não éramos humanos e cidadãos antes de 1988.
33 anos de constituição e ainda colocam as culturas originárias dentro do caixão,
tentam esconder o sangue que espirra do chão,
estão matando toda nação.
A ceia de gado e soja da oração está com feridas abertas do povo,
que são grafadas com vontade todo dia de novo por aqueles que ejaculam poder e miséria.

O concreto cresce com força em solos sagrados,
envenena a vida que brota da terra.
Vocês acham que podem me ver?
Sou penumbra,
luminosidade.
Todo o canto do povo e sua liberdade,
na mão carrego afetividade,
sou o sangue que jorra da rua, fazenda e comunidade.

Seu coração sangra de mentira,
o meu é morto todos os dias e renasce.
Não sou sua Iracema,
sou Aratykyra,
então pode atirar.

A arma na minha cabeça
não foi capaz de me matar.

Sei que sou o alvo, mas as balas não acertam.
Do sistema não vou ser refém,
acreditei na força do meu povo e fui além.
Então vem!!!

Ainda estamos na colônia sim,
tudo é dim dim.
Não sou cega, não sou surda, não sou muda,
não abusa, não usa.
Tenho muitas cabeças,
como aquela Medusa.

Na senzala, favela, cidade ou aldeia,
meu coração é natural da terra,
nada pode parar as batidas de seu som,
é um dom originário vindo das constelações.

Cunhã eté, cunhã tatá, cunhã anga.*
Cunhã eté, cunhã tatá, cunhã anga.
Cunhã eté, cunhã tatá, cunhã anga.

Cunhã eté, cunhã tatá, cunhã anga,
kuarasy mirim açu, kuarasy açu, kuarasy anga.*

(**Tradução Língua Tupi:** *Mulher verdadeira, mulher fogo, mulher espírito*)
(**Tradução:** *pequeno sol grande, sol grande, sol espírito*)

WESCRITOR

Escritor, ator, compositor e cantor. Indígena do Povo Tupinambá de Olivença, nascido e criado na Baixada Santista - SP, tem como objetivo levar consciência, amor, espiritualidade, força e igualdade para todos que se identificam com a sua expressão. É dono do selo artístico Palavrando e também integrante do grupo SOS.

DE CIMA DA MINHA ALDEIA

De cima da minha aldeia
vê-se a vida e mal se sabe
se é de vida que lá
embaixo se vive.
Daqui de cima,
olha-se frente ao mar.
Como cara a cara,
como encarar,
escuta-se sua voz forte, ondas têm vozes.
De longe, e pra longe,
deixo os pensamentos nadarem...

Daqui de cima é como não estar
e se atentar, pois, se qualquer passo
estranho adentrar, ataque!
Legítima defesa se quiser chamar.
É tudo nosso e sempre foi tão nosso,
agora é tudo tão deles, inclusive a morte.
Se pertencem tanto que matam e matam, e matam.
Não só a natureza terra, mas a humana sangra.
E no fim das contas nem cabe mais em contas,
pois tudo que sangra a poesia hei de lavar.
E no somar, no pesar,
no chorar… sobra aquele
que tem em comum com os poetas
a dor de sentir e narrar.

RASGANDO O SERENO

Seguindo forte essa caminhada,
como de nascença tô beirando a estrada,
onde meu ancestral foi aniquilado
da ponta da Costa até a Baixada.
Sigo tranquilo pois retomada
é passo a passo,
mas é de maré
que se enche a estrada,
que alaga cidade,
que anuncia o caos
pros que tão de pé.

A terra palpita fome & justiça.
Não se abale com pouco,
olha nós de novo.
Eternizando toda voz de um povo
sem melindre nesse teu conforto.
Fixo olhar e atento, rasgado no canto,
e com nossos cantos rasgando o sereno.
"Katupituna pra você que vai",
já dizia meu mano Pytuna faz tempo.
Katuara na aldeia é fé, mesmo começando sem ter nem o café.
Força ancestral que segura a mente, força física é com meus parente.

Reencontro dessa geração
que bateu de frente muito antes do que cês chamam colonização.
E mantém de pé catequização?
5 crianças mortas a tiro
pela própria lei que mantém sigilo
e falso restrito, falsa proteção.
É chuva de flecha vindo desses céus e cobrindo o chão.

Palavras errôneas no meu convívio
tiram a porra da paz do que acredito,
mas eu mentalizo... anuncio:
daqui a poucos anos cês vão tá perdido.
Tá pedindo arrego? Tá sentindo medo?
É, ninguém mandou nos chamar assim:
"pardo e preto".
Vem do gueto,
da cidade
e da mata!

Respeita a palavra, é Oxóssi quem fala
(por nós, por nós, por nós, por nós),
guiando os passos desde os Bisavós
(e todos atrás!).

GUIA INDÍGENA

Num queremo aprender inglês,
e sim Tupi.
Não me desculpe
e só se desculpe...
quando de fato se arrepender!
Não só entender
que meu povo sangra
sem entender.
2019 retroceder,
vocês devem tá cego,
sem querer ver…
Quer a dor do meu peito
pra vocês ver?
Toma, mas só não me culpa...
quando o peso da obra
deixar vocês, torta.
Cê não sabe a luta?
Então cala.
Se cala, filha da puta!
Direita e esquerda
são más condutas.
Eu me calo e no meio encontro a vida.
É no seio a verdade que nos habita.
É por ser verdadeiro que eu tô aqui!
Vivão, vivendo a missão.
Nas minhas letras, meu mano,
eu nunca menti.
Foi por essas canetas que transcrevi
a força lá de cima que vem cair.
Se for nessa responsa, eu agradeci.
E nunca parei, não, nunca,
eu fui, exerci, tipo, todo dia.

Tipo ser respirar por caligrafia
Tipo livrar com ar minha agonia…
Sabe, o livre é doar, cê vê bem na guia.
Sim, bem na minha guia...
E só toca se amar minha terra indígena.

ÍNDIO DAQUI

Você é índio daqui,
cê já viveu por aqui,
então honre os encantados
que te protegeram aqui.
Por todas as ruas, Tupi.
Não foi à toa, nasci.
Descalços pés na terra de Tupiniquim & Guarani.

Parenta, fique viva,
como disse Brisa.
Dance, sorria, chore,
seja água nativa.

Percorra tuas mil léguas
atrás de tua conquista,
é que uma busca honesta
vale mais que mil falsas tentativas.
Some na trajetória,
o espaço é para todos.
Parente, não inveje o outro parente,
isso é coisa de colono.
Isso atrasa nossa força,
impede esse retorno.
Que a retomada seja simples:
ser, mas sem ser dono.

E a minha verdade é apenas
a do meu povo… mais de 300 em Abya Yala,
tenta nos cercar de novo?!

Guenta que essa é nossa força!
Peita o solo, chão e tronco!
"Faça seu corpo brilhar",
já disse a força quem nós somos.

E como caminhamos, acompanhados sempre.
Desde pivete abençoado, salve São Vicente.
Por todas as ruas quentes, crente que vamo virar!
Tá pra nascer mais movimento do que esse meu girar.

Então rasgo o peito, fala!
Tá com maldade, rala!
Se não somar na retomada,
a onda vai te levar!

É tanta semente no peito,
nem parece que tá sem camisa.
Pequeno menino pequeno,
guerreiro de flecha assertiva.

É tanta semente no peito,
nem parece que tá sem camisa.
Pequeno menino pequeno,
guerreiro de flecha assertiva.

ÁGUIA

BOBBY SANCHEZ

Tem 26 anos. É um misto de músico, poeta e modelo cuja ascendência indígena vem do Ayacucho, no Peru. Nasceu e cresceu em Nova York.

ICE

ICE é a sigla de *Immigration and Customs Enforcement*,
que significa Serviço de Imigração e Controle Alfandegário
Mas talvez ICE devesse significar
imperialistas conquistando e eliminando.
Talvez ICE devesse significar
controle permanente dos imigrantes
Talvez ICE devesse significar
crianças indígenas executadas.
Talvez ICE devesse significar
não suporto mais
a supremacia branca

ICE não é apenas uma sigla
é um símbolo da injustiça
um símbolo que representa milhares de cadáveres.
ICE significa
Serviço de Imigração e Controle Alfandegário
mas talvez ICE devesse significar
colonização e extermínio institucionalizados.
início de um império colonial
empreendimento de conquista intergaláctica
identificando policiais em todos os lugares
quando o que realmente precisamos
é de uma integração de consciência e empatia
não de imigrantes continuamente resistindo ao genocídio
todos os dias este país parece cada vez menos com um sonho e mais com
um filme de terror,
onde crianças separadas de suas famílias
são encarceradas e abandonadas até a morte
talvez ICE devesse significar
imigrantes executados na surdina
preparando o xeque-mate

inventando inimigos do nada
Não posso nem acreditar que a ICE
desceu pela minha rua ontem

CABELO É CULTURA

Ei, Bobby, por que você tem cabelo comprido?
Ei, Bobby, você é menino ou menina?
Ei, Bobby, por que você usa brincos?
Ei, Bobby, você não tem que explicar sua cultura
Você é indígena
Você é Qari Warmi
Dois-espíritos
Você está resgatando uma identidade perdida no passado
Ressurgindo agora em uma era de representação
Para responder sua pergunta, crianças, deixa eu dar o papo:
Para resgatar raízes
Primeiro você deve arrancá-las do solo
Transplantá-las, regá-las, cantar pra elas em sua língua Indígena até que
falem Quechua
Este cabelo é como raízes
Tipo este corpo que é Pachamama Mãe do Universo.
Mama Killa, Mãe Lua, mova estes oceanos
Deixe-os enxarcar essas raízes e acompanhe seu crescimento
Quando eu tinha 13 anos, um homem que admirava me disse
que deveria cortar o cabelo e tirar os brincos
para eu não parecer uma bichinha.
Pude entender a homofobia ainda muito jovem
no meu primeiro emprego
quando cheguei com o cabelo trançado e o patrão me disse:
"Você parece uma garotinha".
Como se parecer-se com uma garotinha fosse ruim.
Pude entender a transfobia desde cedo
Quando o patrão sugeriu que eu me fantasiasse de Pocahontas para o
Halloween
Como se a pele do povo indígena pudesse ser usada
Uma vez por ano para diverti-lo.
Esse cabelo não é uma fantasia

E eu estou me lixando se esse cabelo te ofende.
Se esses atributos andróginos te deixam incomodado
Não me olhe com desdém
Porque você estará desprezando Pachamama
Pachamama me permite representar minha cultura
Minha identidade
Sem jamais me perguntar por quê.

IDENTIDADE ANCESTRAL

Esta identidade é anterior à colonização
esta identidade é anterior a 1492
esta identidade antecede o nascimento de Cristo

existe e sempre existirá
esta identidade é ancestral

trans não-bináries dois-espíritos
essas são palavras novas de uma língua ocidental
associada a identidades anteriores a essa língua.
é uma identidade ancestral

o movimento LGBTQ não começou nos anos 60,
começou em tempos ancestrais.
Com ancestral quero dizer
chuqui chinchay,
kachcaniraqmi,
qari warmi,
a divindade jaguar andrógina,
canalizando masculino feminino
medicina de canalização de energia
Eu não sou um terceiro gênero,
Eu sou a quarta, quinta, sexta entidade
e portanto não vou me adequar a padrões ocidentais

somos descendentes de povos indígenas
somos mais do que apenas Machu Picchu
nossas identidades não podem ser reduzidas à sigla LGBTQ,
somos dois-espíritos
um corpo
deixe este poema te ensinar

homofobia transfobia
esse ódio não pode destruir
uma identidade
que é ancestral

OITAVA MARAVILHA DO MUNDO

Você sabe, dizem que nossos corpos são como templos

Corpos trans são templos

Templos como igrejas
Você ora em nossos corpos como se fosse manhã de domingo

Os templos gostam de acreditar no desconhecido.

Como templos
você deveria esfregar sua testa
até tirar essa transfobia da sua cabeça

Corpos trans são templos

Chame-nos de budistas cristãos muçulmanos
lugares de fé
você acreditaria em nós?

Mesmo se eu te contasse

Somos templos
com rachaduras nas paredes e vitrais quebrados
mas o prédio ainda está de pé
porque temos uma fundação sólida

Fundação feita
de tijolo e insultos transfóbicos,
e aquele cimento entre as rachaduras
são nossas lágrimas ressequidas
Você sabia que pessoas trans choram chuva ácida?

Pessoas trans são chuva, vento e sol

O sol brilhando
através do vitral rachado
Veja como nossa beleza
reflete na superfície

Somos coliseus antigos
Mas não recebemos turistas
Apenas caçadores de travestis
e cisgêneros confusos
com um monte de questões inadequadas

Corpos trans são como templos
equipados com uma biblioteca repleta de livros
mas ninguém quer nos ler

Deixamos água na porta
de modo que você se purifique com água benta
antes de penetrar nossos corpos

É melhor você saber que somos mais
do que apenas um lugar para descansar sua cabeça
ou ajoelhar-se em oração

Nós somos a missa de domingo

Em antigos coliseus

Como a oitava maravilha do mundo

Corpos trans são templos
Você usaria sua melhor roupa para nos visitar?

Corpos trans são dignos de adoração
Dignos de nossa fé

Corpos trans foram forçados a ficar no armário nos últimos 500 anos
Me pergunto se este armário teria uma fechadura por dentro

Corpos trans são tão brilhantes
Posso reconhecer nosso brilho do outro lado da rua.

Dois templos uma rua
Duas fundações não podem ser retiradas
Porque somos uma cidade santuário protegida
De braços abertos para quem vier bater a nossa porta

Especialmente outros corpos trans

Eu sou um templo
Você é um templo
Por favor, acredite em nós

ECOABORIJANELLE

Janelle "Ecoaborijanelle" Pewapsconias é uma artista nehīyaw multidimensional de Spoken Word baseada na Primeira Nação das 6 Pradarias do Tratado de Little Pine. Seu comprometimento com a Terra a inspira a ler, atuar e projetar para falar sobre as formas indígenas de ser, conhecer e prosperar. Influenciada pelo poetry slam e pela tradição de contar histórias orais Cree, Ecoaborijanelle deu uma palestra no TEDx, participou de duas batalhas de poesia em nível nacional e publicou no *American Indian Culture Research Journal.*

EXPERIÊNCIAS PARTICIPATIVAS E CONECTADAS À TERRA

Tawow
na minha língua significa bem-vindes
Significa que aqui há espaço de sobra para vocês
Significa que este é um espaço (mais) seguro para as identidades
Significa que a inclusão é só uma parte de uma compreensão maior
Em três sílabas
Ta-wo-w.

Neste encontro interativo e conectado à Terra
Preparem-se para o que der e vier
E estando prontos ou não
O objetivo deste workshop é permitir que se divirtam
Que se conectem e caminhem neste ecossistema
Que se joguem na grama seca
Rolem pelo chão
E se sujem
Que sintam o orvalho congelado
É como pertencer às pradarias
Percebam como seus corpos se deslocam no ar
Como o sol ativa nossas células.
Deixem a pele despertar e sintam-se amades

Neste workshop
Você ganha o que dá
Você paga o que pode
Você ganha mais do que dá.
E no fim,
Pode levar tudo para casa

Deixe o solo se tornar uma parte de você
Deixe a Mãe Terra te pegar
Te surpreender
Te corrigir
E te ensinar
Tudo de uma só vez
E então agradeça
Do jeito que souber
Numa boa
E esteja sempre disponível.
Bem-vindes ao workshop

QUADRADOS

Eles dizem que se orgulham destas pradarias
Destas terras amplas.
Dizem que estão alimentando o mundo
Mas eu não confio neles.
Conscientemente escrevo poemas
Comprometidos com minha terra natal
Onde contorci meu corpo
Transformei minhas curvas
Em linhas retas
Sacrifiquei minha liberdade
Para me enquadrar nos espaços reduzidos
Deste tabuleiro demarcado
Orgulho da pradaria.

Um acre em tons de verde e marrom,
quatro porções sagradas,
lavradas e aradas,
enquadradas nestas pradarias
que agora você chama de lar.

Observei sob as colinas ondulantes
(as mãos entrelaçadas
entre quem você chama de "meu protetor"
e nós, "os amal-diçoados")
a abertura de caminhos para trens, aviões
e linhas telefônicas.

Minhas sagradas formações rochosas
agora são rotas de turismo holístico
para ônibus de mochileiros
interessados na minha natureza selvagem.

Eles serpenteiam pelas curvas de meus rios
e abrem picadas em nossas matas fechadas,
dando merrequinhas de gorjeta para ver o quarto dos fundos
da minha Mãe Natureza
em uma tanga de camurça.

Sem imagem e sem nome,
cabelos desgrenhados
sobre um rosto sem faces.
As palavras vadia e vergonha
difamando cada uma das minhas filhas,
difamando cada uma das minhas crianças.
Foi seu próprio filho quem fez isso,
e em vez de responsabilizá-lo,
você preferiu poupar meu assassino.
Em lugar onde a minha pele é da cor dessas terras
e os olhos castanho-escuro com pintinhas pretas e cor de areia,
eu sou a terra,
um corpo contorcido,
um lote quadrado
com os polos norte-sul/leste-oeste
tatuados.
Fronteiras e trilhas que se entrecruzam
na violenta distorção do meu ser.
Ganhei a pecha de traiçoeira.

E ele nos faz dançar para você.
Contorcemos nossos corpos
em troca de maços de cigarro.
Sua reconciliação e libertação,
Fingíndio e Pan-indianismo,
esta oportunidade me custou
mais um dia de questionamentos.

Sua educação antirracista é traumatizante.
Outro sol,
outro dia em que me questiono:
como o gatilho será disparado hoje?

Eu me enquadro agora?
Em valor,
em mérito,
em uma área do seu sistema econômico,
em um sistema projetado para me aniquilar.

Não vou contorcer meu corpo,
não transformarei minhas curvas em linhas retas,
não sacrificarei minha liberdade
para me enquadrar
nos lotes do seu tabuleiro.
Não sou tons de verde,
eu sou marrom, lavrado e arado.
Eu sou áreas sagradas,
sou única e não serei assimilada.
Não há orgulho nas pradarias
quando suas histórias encobrem
nossas histórias em campos sem fim.

EU SEGURO O SOL

Eu seguro o sol
Com as palmas estendidas
Eu sou das pradarias
Visto a terra na minha pele
Eu sou um ciclo sazonal
Sou desta terra

Um corpo de água e sangue
E osso
Fluindo livremente
Mantendo a água acima e entre as superfícies.
Em suas noites silenciosas
A força da gravidade me atraiu para o Equador
Um chamado das marés
Para equilibrar e ajustar
Nosso lugar entre este plano e o do criador

Fotossinteticamente — eu respiro vida
De respiração
Vento
E palavras
Cuspindo novas ideias
Histórias comoventes e inspiradoras na minha brisa

Uma combinação de forma de vida de carbono
E água
E combustão
Tudo de uma vez

Em todos os sentidos eu sou
Feminino

E masculino
Conectada através da água
Movida pelo vento
Incensada pelo fogo
Usando o sol sobre esta pele
Eu seguro o sol

SEUS NOMES, BLM

Deixe-me fazer uma breve introdução a respeito dos seus nomes
Seus nomes, duas palavras no alfabeto inglês e branco.
Seus nomes + melanina = obstrução de faces racializadas
Seus nomes, um cataclismo para a destruição do colonialismo

Em casa,
Seus nomes, meu parceiro, meu pai, meu filho, meu amado
Seus nomes apagados em nome da propriedade e de uma arma feliz
engatilhada
Seus nomes assustam, rotulam e estigmatizam nossos meninos pardos
e acordam esta terra como o sol da meia-noite.

A tragédia é...
Seus nomes têm gosto de nossas lágrimas.
Seus nomes pesados, com todos os medos de nossa mãe
corroídos por línguas ignorantes e insultos odiosos
Seus nomes são reparações e reconciliação com mais de 500 anos de atraso.

Mas primeiro a verdade,
Seus nomes são vidas roubadas, com recursos roubados, em terras roubadas
Seus nomes são demonizados nas bancas de jornais conservadores.
Quando eles nos dizem para voltarmos para casa
Eles não reconhecem seu colonialismo explorado, cara
Nos rotulam,
"vagabundo", "sujo" ou "bandido bom é bandido morto"
Quando a ignorância pega carona no racismo,
Quando seu "Blue Bias" + poder = derramamento de sangue desnecessário,
Nós chamamos os excluídos para entrar na roda e repartir o pão.

Seus nomes são um convite para nos aproximarmos uns dos outros em
tempos de ódio

Seus nomes formam uma rede, não vamos quebrar
Seus nomes evocam nossos vínculos com terra, nehīyawewin
 wahkohtowin
E gritamos seus nomes para defender todos os nossos parentes, as pessoas,
 o planeta, nossa família

Somos todos corpos emprestados que vivem em terras roubadas...
Diga o nome deles, seus nomes são as linhas que desenhamos na areia
Diga o nome deles, por muitos, milhares, há muito tempo.
Diga o nome deles, clame por justiça! Não financie a brutalidade policial.
Diga os nomes deles
Regis Korchinski-Paquet,
Ahmaud Arbery,
Breonna Taylor,
George Floyd,
D'Andre Campbell,
Randy Cochran,
Chantel Moore,
Eisha Hudson
e Colten Boushie...

JENNIFER ALICIA MURRIN

Queer, descendente das etnias Mi'kmaw e Settler, contadora de histórias e originalmente de Elmastukwek, Ktaqmkuk (Baía das Ilhas, Terra Nova, Canadá), agora residente em Toronto. Ganhou duas vezes o campeonato nacional de poetry slam do Canadá e é membro do *Seeds & Stardust Poetry Collective*. Seu livro de estreia foi lançado pela Moon Jelly House no outono de 2020.

AMOR E ÓDIO

Eles querem saber por que eu sou tão raivosa
Eu digo a eles que estou com raiva porque me amo
Meu corpo é feito do pó da terra e do orvalho matinal que reluz em nossas praias rochosas
Eu digo a eles que sou um reflexo de minha terra natal e pergunto: se a terra foi roubada, qual quinhão da minha vida será valorizado?
Eu sou uma extensão de minha família, de minha comunidade, de minha Nação, da terra, de toda a criação, e eu amo ardentemente
Eu digo a eles, esta é uma tempestade que já dura um século e que não pode mais ser contida
Não se atreva a dizer que minha raiva não é bem-vinda
Eu não estava pedindo permissão
Estamos em um permanente estado de desrespeito às fronteiras, tal qual acontece com os tratados.
Sabemos que o colonialismo jamais foi consentido.
Está acontecendo bem aqui, neste exato momento, de costa a costa, neste belo país chamado Canadá
Eles me dizem que não têm culpa do que seus ancestrais fizeram
Falam para eu deixar o passado no passado, enquanto os farelos do jantar de Ação de Graças escorrem por suas bocas
E tudo o que eu quero lhes dizer é que engulam
Eu digo a eles que estou com raiva porque estou exausta de tanto cerrar meus punhos
Foi apenas recentemente, quando o mundo deu uma desacelerada, que eu realmente tive espaço para olhar para mim mesma
E percebi que a maior parte da minha vida, meu próprio corpo, tem sido de tensionamentos
Estamos constantemente negociando segurança em uma sociedade que quer que sejamos cidadãos produtivos ou mortos
E se eu consigo carregar todo esse trauma, também posso carregar resiliência

Sou descendente de ancestrais honrados que agora se expressam através de
minha voz
Ondulando através de frequências que fazem sangrar os ouvidos
Essa raiva não me pertence
Eu digo a eles que estou me esforçando para ser um bom ancestral
Não tenho medo de acender o fósforo e ver o circo pegar fogo
Queimando até o regime de politicagem paternalista cair
e ver todos os palhaços da Coroa irem pelos ares
Tenho a responsabilidade de falar, de me manifestar e de continuar
denunciando isso até que tudo o que reste da minha raiva seja amor.
Eles me perguntam por que tenho tanta raiva.
Como não poderia ter?

LIMPEM SUAS BESTEIRAS

Somos selvagens
Bárbaros
Condenados por nossas culturas
Perseguidos por nossas tradições
Fomos punidos
Nossos remédios foram proibidos
Praticamos nossos cultos em segredo
Gerações depois das escolas residenciais
A sociedade ocidental descobriu
Saqueou
E publicou
O que está em nosso DNA.
O artigo diz que estudos e pesquisas científicas demonstraram que a defumação com sálvia pode eliminar 94% das bactérias transmitidas pelo ar
No dia seguinte, vizinhanças inteiras foram esterilizadas com fumaça
A defumação foi apresentada como um antisséptico poderoso
E purificador de ar
Melhor manter em segredo
Pode ser comprada em uma loja com produtos da "new age" por 20 dólares
A embalagem promete uma experiência grandiosa
Pode ser encontrada em cada pochete nas rodas de batucada de brancos de dreadlock
Nas prateleiras ao lado dos cristais e cata-sonhos fabricados no exterior
Se pesquisar a palavra "defumação" no Google, você vai encontrar um guia passo a passo
Escrito por alguém que se parece com um sanduíche de mortadela com pão branco carregado na maionese que confunde abalone e pote de conserva
Chama o feixe sagrado de bastão
Solicita uma tigela de areia

Como se pudesse extinguir um fogo sagrado e enterrar as evidências,
    como fizeram com nossos corpos
Sugerem uma limpeza no sentido horário como se pudessem reverter
    milênios de culpa branca.
Se esquecem de mencionar que não há uma única maneira de usar o
    smudge.
Se esquecem de mencionar que, se vão se apropriar de nossa cultura,
    deveriam ao menos adquirir os suprimentos de um verdadeiro
    indígena
Se esquecem de mencionar que todos podem fazer uma defumação
Mas nem todos têm o privilégio de fazê-lo
Quando defumei meu apartamento novo, meu senhorio invadiu minha
    porta como uma caravela,
Me acusando de estar fumando maconha
Exigindo que eu fumasse do lado de fora
E depois,
Uma mulher indígena foi despejada por defumar sua casa
Como se essa seção da legislação indígena nunca tivesse sido removida
Uma mulher branca recorre à Suprema Corte porque seus filhos foram
    "expostos à defumação na escola"
Alegam que a defumação é uma forçação de barra
Um exagero,
Prejudicial à saúde deles
Para mim, isso é um insulto espiritual
O que é reconciliação sem verdade?
E a verdade é que o colonialismo existe há centenas de anos
A verdade é que não há dois pesos e duas medidas quando o cristianismo
    foi sempre o padrão
Para usar nossos remédios, você deve conhecer as Nações do território que
    ocupa
Renunciem seus chalés
e devolvam NOSSO TERRITÓRIO
Se você não cooperar,
Dançarei triunfantemente ao redor do fogo e sua aldeia será reduzida a pó

Os sinais de fumaça que enviarei terão mensagens de cobrança.
Tente purificar o ar quando eu tiver ateado fogo em suas cartas de tarô e penas de peru
É como quando os agricultores queimam seus campos para livrá-los das ervas-daninhas
Se você restaurar a flora original
Só sobreviverá o que já estava aqui antes
Nós.

ALICERCE

Lar é sentir as algas roçando minhas pernas enquanto flutuo nas águas geladas do Oceano Atlântico contando águas-vivas.
Provar a água salgada beijando meus lábios enquanto vejo o brilho dourado de Na'ku'set nas montanhas ao longe.
É ouvir as gaivotas grasnando lá em cima disputando restos de peixe.
Meu lar são as praias rochosas onde meus ancestrais pescaram e viveram por muitas gerações
E onde grandes navios chegaram trazendo um punhado de brancos.
Nova Terra Descoberta.
Novaterradescoberta, na verdade, é "A Rocha" porque literalmente tudo é rocha — tão irregular e sólido.
Esta é a minha base.
Para mantê-la,
galgá-la,
seja sólida como uma rocha.
Uma linhagem de matriarcas que irão preparar e cozinhar o peixe, garantir que todos sejam alimentados, limpar e lavar as fedidas roupas que os homens usam para pescar, antes mesmo de se sentar para comer os restos que sobrarem.

As mulheres são a espinha dorsal da minha família,
Mesmo que arrebentem a coluna pela minha família.
E às vezes penso na praia rochosa onde cresci.
Protegida por uma montanha de formações rochosas de ardósia azul-profundo.
Lembro-me de minha Avó me dizendo para ter cuidado porque, de vez em quando, caía um pedaço de ardósia.
Até a rocha pode desmoronar às vezes.
E eu ia de qualquer jeito.
Passava meus dedos ao longo das fendas irregulares,
Desaparecia em uma caverna escura na lateral daquela montanha,

Rezava para o samqwan
E esperava,
Esperava a ardósia cair.
Observava como até mesmo o menor seixo criava ondulações que
pareciam se espalhar no horizonte de algodão-doce,
Esperando que carregassem consigo minhas orações.

OS SONHOS MAIS LOUCOS DAS ANCESTRAIS

Quantas vezes nos disseram que somos os sonhos mais loucos de nossas ancestrais.
Uma manifestação matriarcal de orações ancestrais.
Rezadas por toda uma existência.
Às vezes,
Podem se parecer com a culpa dos sobreviventes.
Como se você fosse a filha de um oceano inteiro no qual nunca conseguiu nadar.
Engasgando com a língua da mãe de sua Avó.
Engolindo canções de memória do sangue.
Eterno luto por uma ancestralidade que você anseia chamar de lar.
Mas retomar um lar pode ser angustiante para uma neta de ascendência mestiça.
Existir
É encarnar todo esse amor e raiva sem saber ao certo como traduzi-los.

Minha Bisavó materna me visitou recentemente.
Ela compartilhou uma história repleta de luta e dor.
Um honroso reconhecimento para mim, por ser a primeira em nossa família a retomar a cerimônia
Mas não o bastante,
Insuficiente perante seu sacrifício.
Alimentar tristeza não equivale a uma honraria
Uma jornada espiritual que tenho relutado em conjurar.
Sinto-me envergonhada,
Por todas as vezes que eu disse que estava muito ocupada,
Talvez numa próxima vez,
Manteremos contato.

Poder escolher tradições outrora proibidas e passíveis de punição é um privilégio.

A audácia de todas nós, novas ancestrais.
Nós,
as netas da (r)existência.
Receber um legado é herdar também traumas intergeracionais.
A expectativa de que será você quem romperá as maldições geracionais.
Vovó,
Não permitirei que minha dor me afogue em nossas rochosas praias ancestrais.

\- - - - - - - - - - - - - - -

Às vezes,
Ser os sonhos mais loucos de suas ancestrais se parece muito com o perdão.

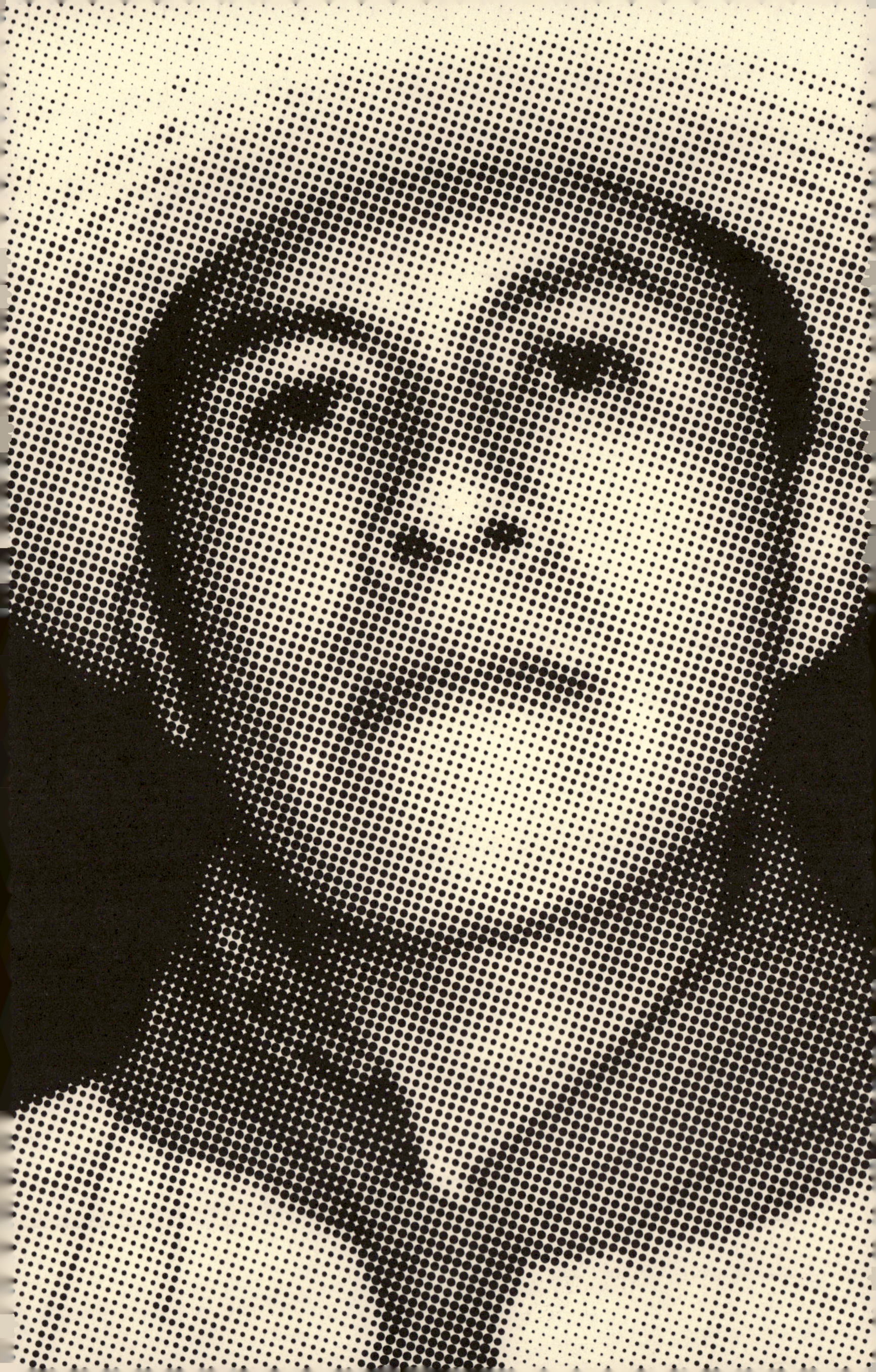

JUAN SANT

Juan Sant é um escritor indígena Tutunaku, México. Em seus escritos, ele torna visíveis as situações vividas por pessoas que migram do campo para a cidade. Temas como discriminação racial, abuso e violência social são abordados em suas obras, que alguns consideram poesia, já que em cada obra se destaca a particularidade com que Juan compõe e interpreta suas criações, onde a língua tutunaku (sua língua nativa) e o espanhol se misturam.

ORIGINÁRIO

Eles nos tiraram nossas terras
Nossos nomes
E nos deram novos nomes
Sobrenomes
Nos obrigaram a viver escondidos
A realizar nossos rituais em segredo
E fomos varridos
Como sempre
Para a margem
E fomos para as montanhas
Plantamos nossas sementes
E dos frutos dessas sementes
Nossos filhos se alimentaram
Com o passar do tempo
Quiseram nos civilizar
Nos impor uma religião
Mas não!
Não aceitamos
Nós recusamos o batismo
E eles nos chamaram de selvagens,
Índios!
Quiseram nos educar
E como já disse um escritor
Interrompemos nossa educação
Para ir à escola
E papai me disse, filho...
Filho...
Fale com eles em espanhol
Para que te entendam
Não!
Não fale em nossa língua
Isso te trará problemas
Assim o fiz por alguns anos

E quis pertencer a esta sociedade
E quase esqueci quem sou
Mas há um fogo dentro de mim
Que nunca se apagou
E um dia
Um dia me levantei orgulhoso
Dessa pele morena
E do sangue
Que corre em minhas veias
Da minha língua materna
Hoje sei muito bem quem sou
Sei muito bem de onde venho
E para onde vou
Hoje sei bem quem somos
Somos mais que indígenas
Somos originários

Originários
Foi por isso que eles nos tiraram nossas terras
Nossos nomes
E nos deram novos nomes
Sobrenomes
Nos obrigaram a viver escondidos
A realizar nossos rituais em segredo
Fomos varridos
Como sempre
Para a margem
E fomos para as montanhas
Plantamos nossas sementes
E dos frutos dessas sementes
Nossos filhos se alimentaram
Com o passar do tempo
Quiseram nos civilizar
Nos impuseram uma religião

Mas não!
Não aceitamos
Nós recusamos o batismo
E eles nos chamaram de selvagens,
Índios!
Quiseram nos educar
E como já disse um escritor
Interrompemos nossa educação
Para ir à escola
E papai me disse, filho...
Filho...
Fale com eles em espanhol
Para eles te entenderem
Não!
Não fale nosso idioma
Isso te trará problemas
Assim o fiz por alguns anos
E quis encarar essa sociedade
E quase esqueço quem sou
Mas há um fogo dentro de mim
Que nunca se apagou
E um dia
Um dia me levantei orgulhoso
Dessa pele morena
E do sangue
Que corre em minhas veias
Da minha língua materna
Hoje sei bem quem sou
Sei muito bem de onde venho
E para onde vou
Hoje sei bem quem somos
Somos mais que indígenas
Somos originários
Originários

EU SOU

Sou a noite
Sou o dia
Sou o sol
Sou a lua
Sou o ar
Que respiras
Eu sou a terra
Eu sou a água
Sou semente que brota
Sou milho, sou fogo
Tortilla na frigideira
Sou um bebê no ventre
De una mulher indígena
Sou filho da montanha
Que canta como cantam
Aves nas montanhas. Ei!
Sou *machete*
Sou *taparla*
Sou *sombrero*
Sou *huarache*
Eu tive fome
E a terra me deu comida
Eu escrevo
Em sua memória
Sou um riacho que passa
No meio de um povoado
Vou em direção ao rio
E não penso em voltar
Sou forte como o trovão
Pardo como a terra
Brilho ao sorrir

Sou muito mais que indígena
Sou a noite
Sou o dia
Sou o sol
Sou a lua
Sou o ar
Que respiras
Eu sou terra
Eu sou água
Sou semente que brota
Sou milharal, sou fogo
Milho e massa no pilão
Tortilla na frigideira
Sou honesto com as pessoas do meu povoado
Homens risonhos
Alma sem dono
Sim...
Esse sou eu
Sou guerreiro
Sou *nahual*
Sou coiote
Uivando nas colinas
No milharal
Sou um bruxo
Conversando com o fogo
Fumaça e copal
Sou pardo como esta terra
Forte como o trovão
Meu coração bate ao som de tambores de guerra
Orgulhoso do sangue que corre em minhas veias
Graças a meus ancestrais e meus pais, sou indígena
Em qualquer lugar do mundo
Mostrando que tudo é possível
Quando você ama o que faz e tem orgulho de sua origem

Viemos para dar tudo e muito mais
Sou indígena
Nessa grande cidade
Meu nome é Juan Sant
Meu nome é Juan Sant.

"CANSADO"

Cansei de me calar
De abaixar minha cabeça
De viver na sombra
De quem ostenta sinais de riqueza
Cansado de sentir vergonha
Por ter a pele morena
Por ter a cor da terra
Embora eu não tenha outra terra
Além da que trago debaixo das minhas unhas
Talvez seja por isso
Que sempre brotam
Flores líricas selvagens das minhas mãos
E isso geralmente causa desconforto
Que meu orgulho floresça e meu rosto sorria
Que brote de mim
O fogo mais puro quando rirem da minha cara
E dos meus pés descalços
Sem saltos ou sapatos
Fita no meu chapéu de tranças
E machete dentro de uma bainha branca
Que calem as vozes que nos discriminam
Que emudeçam os olhares
Que as palavras cheias de espinhos
Não nos machuquem
Hoje trago sementes
E um machete na mão
Para quem tentar silenciar meu canto
Que ninguém roube o sorriso do meu filho
Que o orgulho floresça
Em nossos corações
Que nossas línguas sejam ouvidas em todos os cantos

Que nossas línguas sejam ouvidas em todos os cantos
Que nossas línguas sejam ouvidas em todos os cantos!
Que sorriam
Que sorriam
Que nossos corações sorriam
Que sorriam
Que sorriam
Que nossos corações sorriam

Estou cansado de tudo
Cansado de calar
De negar quem eu sou
Originário, tenho isso na minha voz
No coração, no sangue, nas veias
Orgulhoso da minha língua materna
Estou cansado de tudo
Cansado de calar
De negar que sou originário
Tenho isso na minha voz
No coração, no sangue, nas veias
Orgulhoso da minha língua materna

SEMENTES

Na minha língua eu tenho sementes
No meu coração y no meu sangue
Eu tenho sementes que vêm de grandes espigas
Sementes penetrando na terra, ei!
Penetrando o umbigo da terra
Elas vão crescer como uma grande milpa, ei!
Tenho sementes em minha
Corrente sanguínea
Corrente sanguínea!
Em meu DNA raízes ancestrais
Tenho fino refino
Um fogo nasce dentro de mim
A mente fria, o bem y o mal
Calor frio
Raiva y amor
Em um coração a ser sacrificado
A ser sacrificado!
Para a redenção dos meus
As humilhações que sofremos
Não estou em silêncio
Estou procurando dentro de mim
Tudo o que havíamos perdido
Havíamos perdido!
O que nos roubaram nos escravizando
Y nos oprimindo
Eu fui abençoado
Muito abençoado!
Cresci como um hóspede
Na barriga da minha mãe
Quarto de luxo
Que ainda não terminei de pagar
Hotel 5 milhões de estrelas

Onde não é qualquer um que se hospeda
Aqueles que não pertencem à minha linhagem
Fora!
Fachada de castelo vagabundo
Cor canela
Açúcar mascavo
Raízes ancoradas no passado
Na juventude da terra, ei!
Manipulo o machete
Como meu pai
Eu tenho seu sangue, tenho sua fome
Tenho seus genes
Seu coração insaciável
Completamente insaciável!!
Meu primeiro brinquedo foi sua bainha
Meu primeiro sorriso foi para a vida
O outro foi para a morte
Coração valente que não se arrepende
Sinto muito que você sinta muito
Eu sei que você sente
Somos eu y meu povo
Dançando sobre os espinhos no meu dia de sorte
Meu dia de sorte!!
Enfrentando a vida
A morte é sentida
Como um oásis
Sob um sol escaldante
Muito escaldante
Meu rap y meu povo sinônimos
De excelência
Muita excelência!
Somos apenas sementes dentro deste ventre
Apenas sementes dentro deste ventre
Dentro deste ventre

Nós éramos sementes ontem
Campos de milho no meio do dia
Acompanhe nosso florescer
Se eu voltar a ser semente, tudo bem
Renascerei
Eu vou renascer

Nós éramos sementes ontem
Campos de milho no meio do dia
Acompanhe nosso florescer
Se eu voltar a ser semente, tudo bem
Renascerei
Eu vou renascer